U0943003

CHINA LEGAL EDUCATION RESEARCH

教育部高等学校法学类专业教学指导委员会
中国政法大学法学教育研究与评估中心 主办

# 中国法学教育研究

## 2020年第3辑

主　　编：田士永
执行主编：王超奕

中国政法大学出版社

2021 · 北京

图书在版编目（CIP）数据

中国法学教育研究. 2020年. 第3辑/田士永主编. —北京：中国政法大学出版社，2021. 1
ISBN 978-7-5620-9832-4

Ⅰ. ①中…　Ⅱ. ①田…　Ⅲ. ①法学教育—中国—文集　Ⅳ. ①D92-4

中国版本图书馆CIP数据核字(2021)第014265号

---

出 版 者　中国政法大学出版社
地　　址　北京市海淀区西土城路 25 号
邮寄地址　北京 100088 信箱 8034 分箱　邮编 100088
网　　址　http://www.cuplpress.com (网络实名：中国政法大学出版社)
电　　话　010-58908289(编辑部) 58908334(邮购部)
承　　印　北京九州迅驰传媒文化有限公司
开　　本　650mm×960mm　1/16
印　　张　14.25
字　　数　160 千字
版　　次　2021 年 1 月第 1 版
印　　次　2021 年 1 月第 1 次印刷
定　　价　59.00 元

# 目　录

CONTENTS

## 法学教育



## 课堂与教学

# 目　录

C O N T E N T S

## Legal Education



## Curriculum and Teaching

## Legal Profession



## Spring Garden

# 法学教育

*Legal Education*

当代大学生法治思维提升路径探析　贾喆羽

法学教材立体化、智慧化的改革思路与实施路径　于　冲

国际经济法方法论存在的问题及解决之道　张丽英

2018 年法学教育研究综述　柯勇敏

# 当代大学生法治思维提升路径探析

◎贾喆羽*

**摘　要：**大学生群体作为社会主义的建设者和接班人，其法治思维的提升是法治中国建设的要求，对全面落实依法治国方略发挥着重要的作用，也是大学生提高自身综合素质、适应新时代发展过程中不可或缺的一环。本文从法治思维的内涵出发，进一步阐述提升大学生法治思维的意义，并通过发现大学生法治思维培育中存在的问题，进而提出高校培育大学生法治思维的具体路径。

**关键词：**法治思维　法治精神　提升路径

---

* 贾喆羽，北京理工大学法学院法律硕士（非法学）2019级硕士研究生。

## 引 言

对于一个社会来讲，法治能否取得成功，直接依赖于社会的公共决策者和广大公民是否普遍接受与法治理念相适应的思维方式——法治思维。否则，法治社会、法治国家就无从谈起。[1]作为社会新生代的大学生，是未来社会发展的中坚力量，其法治思维水平与法治建设是息息相关的。强化大学生法治教育，提升法治思维，弘扬法治精神，是时代使命，也是社会需要。党的十八届四中全会强调了一个重要命题，即“增强全民法治观念，推进法治社会建设”[2]，并且会上审议通过的《中共中央关于全面推进依法治国若干重大问题的决定》明确提出：要推动中国特色社会主义法治理论进教材进课堂进头脑。因此，对大学生进行法治教育，是高校落实立德树人根本任务的内在要求，也是大学生适应新时代要求实现自我发展的必然选择。

## 一、法治思维的内涵

法治思维是指以法治价值和法治精神为导向，运用法律原则、法律规则、法律方式思考和处理问题的思维模式。[3] 法治思维是在法治领域和法治背景下提出的，把握法治思维要明确政治立场，坚持中国特色社会主义，时刻与党中央保持高度一致；

---

〔1〕 张玉来：《依法治国必须学会法律思维——访中国法官学院郑成良教授》，载《人民日报》2002年4月13日，第6版。

〔2〕 《十八届四中全会通过依法治国若干重大问题决定会议公报公布》，载 https://www.guancha.cn/politics/2014_10_23_279026.shtml，最后访问日期：2020年2月26日。

〔3〕 本书编写组：《思想道德修养与法律基础》（2018年版），高等教育出版社2018年版，第173页。

把握法治思维要用发展的眼光看问题，法治思维是动态的、实践的，不是一成不变的，要根据现实的变化去不断调整与完善；把握法治思维要认识到法治思维可以经培养而提升，法治思维以法治作为判断是非和处理事务的标准，是一种方法论，也是一种价值观，提升法治思维是一个内化于心、外化于行的过程。作为高素质人才的大学生，其法治思维水平与法治建设是息息相关的。基于法治社会建设速度的整体加快，以及接受高等教育等多重因素的共同作用，大学生群体对于法治这一维持社会秩序的基本方式已经有了一定的价值认同。当这种价值认同逐渐转换为一种能动的运用法律标准发现、思考、分析、处理问题的思维习惯时，便形成了法治思维。

法治思维的基本内容如下：一是法律至上，法治思维以合宪性与合法性为起点，强调尊重宪法和法律的权威。要求大学生树立宪法至上、法律至上的理念，在处理问题时以是否合法为出发点，按照宪法与法律对自身行为进行合法性审视，正确行使权利、履行义务。二是权力制约，强调将权力关进制度的笼子里，主要针对国家机关，其权力必须受法律的规制和约束，而对于大学生来说，要勇于监督权力，让权力在阳光下运行。三是公平正义，即实现政治利益、经济利益和其他利益在全体社会成员之间公平分配，是法律所追求的最高价值。大学生应自觉树立公平正义观念，培养社会责任感，以实际行动促进社会的公平正义。四是人权保障，大学生要树立权利与义务相统一的观念，既要学会用法律维护自身的合法权益，又要自觉履行法定义务，还应注意在行使权利、履行义务的同时切勿超越法定界限。养成人权保障思维，不仅有利于尊重别人的人权，也有利于依法保护自己的人权。五是程序正当，程序无处不在，法律的正义也需要通过程序来实现，只有遵守法定程序，才能防止主观任性、无序混乱，在生活中注重程序还可以帮助大学生提升组织能力和管理能力，有益于建设健康有序的社会。

## 二、提升大学生法治思维的意义

习近平总书记强调，再多再好的法律都必须转化为人们的内心自觉才能真正为人们所遵行。历史和现实表明，法治只有被认同，内化于心、熔铸于脑，成为人们的坚定信念和文化情感，才会转化为内在的法治信仰。[1] 大学生是社会的希望、国家的未来，大学生法治思维的提升是全面推进依法治国的应有之义。提升大学生的法治思维，不仅对其自身适应社会环境、全面提高综合素质具有重要的作用，对高校落实立德树人的根本任务、提升德育实效具有重要意义，对促进社会文明和法治建设、提升整个社会的法治意识也具有重大价值。

### （一）提高学生素质的需要

当今社会的高速发展对人才提出了更高的要求，多功能复合型人才更符合当今社会发展的需要。当代大学生还肩负着实现中华民族伟大复兴中国梦的历史使命，因此必须深刻认识到，法治思维的提升与专业技能的培养缺一不可，只有这样才能在激烈的竞争中脱颖而出。大学生正处于价值观培养的重要阶段，在信息高速发展的时代，各类思想相互激荡，各种观念相互碰撞，来自不同方面的诱惑难以避免，所以要及时用先进的法律思想、时代

---

〔1〕 张鸣起等：《学习十九大报告重要法治论述笔谈》，载《中国法学》2017年第6期。

精神武装大学生的头脑，抵御不良因子对大学生的侵蚀，只有这样培养出来的大学生才能符合时代发展潮流，适应社会发展需要，为自身健康成才打下坚实基础。

### （二）建设法治校园的需要

大学生是校园生活的重要主体，因此大学生知法、懂法直接成为建设法治校园的关键。近年来，大学生犯罪案件时有发生，其手段之残忍、性质之恶劣令人不寒而栗。所以在高校的教育活动中，重视学生法治思维的提升，能够强化其规则意识，增强其运用法律途径解决问题的能力，而不是任性妄为，图一时之快酿下大错。这样既有利于法治校园、平安校园的建设，又有利于营造舒适和谐的学习环境。与此同时，提升大学生法治思维也是高校落实立德树人根本任务的重要环节，通过耳濡目染的教化过程，将法治精神内化为学生的思想自觉和行为自觉，有利于学生德育素质的提高。

### （三）构建和谐社会的需要

法治建设是构建和谐社会的重要保障，而推动法治的建设又是一个需要人民群众广泛参与的系统工程。大学生作为接受高等教育的年轻群体，头脑灵活，不论是接受知识还是塑造观念都比较容易，是推动社会进步的重要力量。因此，提升大学生的法治思维、增强其法治观念能够让他们形成运用法律解决问题的思维习惯和行为自觉，并把这种习惯与自觉带入未来的工作岗位进而带入社会，从而有力地推进整个社会法治建设的进步，为构建和谐社会贡献力量。

## 三、大学生法治思维提升存在的问题

培育法治思维固然重要，但却不可能自动形成，因而需要依赖许多条件和基础。目前来看，高校无论是从法律课程设置、教职工队伍建设还是校园法治宣传上来说都仍需进一步完善，以营造浓厚的法律学习氛围。此外，人们的认识根源于实践，在对法律法规形成认知的同时融入实践培养也是提升法治思维的必经过程。最后，只有在不断提升法治思维的同时逐步树立起对法治的信仰才是我们的终极目标。

### （一）高校未能营造出浓厚的法律学习氛围

高校对法治思维教育还不够重视，从课程设置和课时安排来看，对非法学专业大学生的法治思维培育仅仅局限于思想道德修养与法律基础这门课，内容少课时少，也不能调动学生的积极性，培育效果不明显。此外，高校的教职工队伍除法学专业的教师外往往都缺乏一定的法律修养，比如学校基层的行政管理者，决策大多带有经验性，存在一些不尊重学生应有权利的现象，而此时处于弱势地位的学生通常不会运用法律解决问题，这对于培养学生的法治思维也是不利的。还有，高校对开展法治教育的宣传力度还不够，校园法治文化环境的渗透作用发挥得太弱，若想在高校形成法治教育的良好环境，需要与校园文化建设进一步结合，才能让法治教育深入人心。

### （二）高校缺乏对大学生在法律实践上的培养

实践是认识的基础和来源，认识的目的也是为了指导实践。对法律知识进行一个理论性的学习，只是为法治思维的形成提供了一种基础性的铺垫，最终能否形成现实中的法治思维，需要在实践的环境中去运用和检验。目前我国的高校在实践性教学方面还没有形成一个完善的体系，首先就表现在许多教师仍然沿用传统的理论讲授，忽视实践教学和环境熏陶，忽略了学生的法治体验和感悟。[1] 这样对于非法学专业的学生来说，他们就没有太多机会接触法律实践，对法律案件的认识会比较模糊。他们对法律案件的评价标准首先还是依靠自身的情感好恶，而不是基于法律的标准去判断。高校如果不提供一个实践的土壤来深化培养的话，就不能进一步地巩固学生接收到的法律知识，因此强化高校的实践教育是十分必要的。

### （三）未从树立法律信仰的目标出发实施培养

法治思维的提升，虽然与法律知识的掌握程度密切相关，但决不以法律知识的增量为判断标准，比知识累积更重要的是内心对于法治的认同和信仰。[2] 目前，高校对大学生法治思维的培养总体还停留在增长法律知识上，究其根本，是在设计法治思维的培养体系时没有以树立学生的法治信仰为目标，因而形成了将法治教育作为知识教育而非素质教育的现象，不利于大学生法治思维的提升。于是，在这一过程中高校需要重新审视法治教育模式，切实地让大学生在学习的过程中与法律产生共鸣，在内心形成对法律坚定不移的信任和始终不渝的追求，真正地尊重法律、维护法律、敬畏法律。

## 四、提升大学生法治思维的路径

提升大学生法治思维，在宏观层面，需要国家层面法治体系的完善，需要整个社会法治环境的形成；在中观层面，依赖于高校依法治校制度的形成以及法治校园人人学法、用法氛围的营

---

〔1〕 邓巧蓉：《高校大学生法治思维培育论析》，载《学校党建与思想教育》2017 年第 7 期。

〔2〕 彭海：《高校学生管理者的法治思维：涵义、特征和养成路径》，载《湖北经济学院学报（人文社会科学版）》2018 年第 2 期。

造；在个人层面，需要学生掌握一定的法律法规知识，在实践中逐步养成自己的法治思维习惯，并在此基础上逐步坚定自己的法治信仰。无论如何，只有把认知、实践、信仰有机结合并一以贯之，法治思维才能真正形成。

### （一）全方位创造良好的学习环境

法律思维形成的基础是法律认知，只有提高对大学生法律认知的培养才谈得上法治思维的提升。首先要求高校科学合理地设计理论教学，根据法学专业和非法学专业学生的认知程度不同有针对性地整合教学资源，设计相应的教学内容。尤其对于非法学专业的学生来说，高校可以结合时事热点问题和学生的实际需求有选择地开展教学，比如从法治思维的内容出发，对宪法知识进行教学从而让学生了解法律至上和权力制约原则，对刑法、民法等实体法进行教学从而让学生感受公平正义和权利义务相统一原则，以此类推，设计一个能够让学生学习基本法律知识的教学模式。不仅如此，高校管理者和教职工应当形成示范作用，对学生的应有权利予以尊重，强化程序正当意识，否则即便教师在课堂上传播的法治价值、法治精神再丰满，如与学生的亲身体验存在较大差距，必然使学生产生法治心理落差，进而制约学生法治思维的养成。[1]

### （二）大力推进大学生参与法律实践

“法律的生命力在于实施，法律的权威也在于实施”，只有引导大学生开展法治实践，才能在他们的内心确立起法治的必要性和优越性，真正把法治变成一种理性的判断和选择。这便需要高

---

〔1〕 徐科琼、赵红梅：《试析当代大学生法治思维的养成路径》，载《西南石油大学学报（社会科学版）》2016年第4期。

校进一步加强对大学生社会实践的指导，积极举办模拟法庭竞赛，法律大讲堂，法律知识竞赛、辩论赛，法律主题小品、情景剧、微电影创作大赛等特色活动，以丰富的形式调动大学生的学习积极性。此外，高校还可以组织学生参加以志愿服务、社区服务为开展方式的普法活动，联合司法机关、律师事务所等教育实践基地开展法律实务等实践教学活动，培养学生实践应用能力，从而扩大学生参与法律实践的机会，在实践中激发大学生崇尚宪法与法律权威、维护公平正义的爱国情怀和法治情怀。

### （三）树立对法律的信仰是最终目标

《中共中央关于全面推进依法治国若干重大问题的决定》明确指出：法律的权威源自人民的内心拥护和真诚信仰。初步的、浅显的认识下形成的法治思维方式只能是暂态的、不稳定的，只有建立在法治价值认同基础上的法治信任，才可能形成一种稳固的、坚定的法治思维。法治信仰的形成，才是法治思维成熟的标志。[1] 高校应充分利用自身的教学优势，将法治教育与丰富多彩的校园活动相结合，通过各类校园活动、社团实践将法治教育的内容融入其中，还可以借助校园广播、微信公众号、官方微博等新媒体的力量，提升法治宣传教育的感染力、渗透力和影响力，促使法治精神深入到大学生的心灵深处，循序渐进地培养大学生对法治的认同，形成对法治的信赖，最后树立起对法治的敬仰。

---

〔1〕 杨建军：《法治思维形成的基础》，载《法学论坛》2013 年第 5 期。

# 法学教材立体化、智慧化的改革思路与实施路径*

◎于　冲**

**摘　要：**法学教材的建设理念，依托现代信息技术和智慧教学成果，立足于中国裁判文书网、最高人民法院庭审直播等公开的网络实践教学资源，以增强法科学生的问题意识、实践意识和国情意识为目标，以纸质教材为基础，以多媒介、多形态、多用途以及多层次的教学资源和多种教学服务为内容，最大限度地实现“知识教学与实践教学”的同步、“知识学习与司法实践、法治发展”的同步、“规范学习与规范应用”的同步、“实体法学习与程序法学习”的同步，以及实务部门对法学教学的全过程参与，形成智慧化的教材、立体化的教材，以及理论实践多元同步的教材。

**关键词：**智慧教材　立体教材　教材改革　法学教育

---

* 本文系2018年中国政法大学研究生教学改革项目“网络法学专业跨学科课程建设研究”的阶段性成果。

** 于冲，山东曲阜人，中国政法大学刑事司法学院副教授，法学博士。

法学教材建设，模式上以基本的理论框架为主线，形式上立足于传统教材体系，内容上超然于传统的理论分析和规范分析，以案例内容、庭审视频的形式讲授规范解释、理论如何落地、如何应用、如何得出相应判决，让学生在掌握理论知识的基础上，“真正”“真实”地感知司法运作过程。

## 一、法学教材立体化、智慧化改革的定位

法学教材的立体化、智慧化以案例库为主体进行建设，以理论教材知识点为逻辑线索形成主体教材，并在此基础上进行辅助教材的编写。辅助教材包括原始卷宗、庭审录像截屏、典型案例的争议展现、课件、教案、名师讲授、实务人员答疑等内容。例如，庭审录像、卷宗、司法解释等均通过二维码的形式在教材中体现，通过主教材、辅教材的相互协同，实现法学教材建设的立体化和智慧化。

### （一）全面彰显专业理论与司法实践的同步化

传统法学教材大都以刑法基础理论和概念的阐释为基础，在过度强调理论体系的同时，忽视了对司法实践的体系化解读。这种教材中专业理论同司法实践的脱节，很大程度上造成了教材体系设计、内容设计上专业知识讲解和实践应用讲解的割裂，也就使得学生无法真实地感受司法实践对于相关知识点的实际应用过程，进而造成学生对于法学专业知识的想象化学习。通过法学立体教材建设，切实、真正地发挥中国裁判文书网、最高人民法院庭审直播等实践教学资源的优势和价值，实现法学教材立体化、智慧化的改革和建设，体现了法学教材体系中专业理论内容与司法实践内容的同步化。

### （二）全面体现知识教学与实践教学的全过程同步

习近平总书记在中国政法大学讲话中强调，法学学科是实践性很强的学科，法学教育要处理好知识教学和实践教学的关系。以实际判例、庭审录像、司法实务人员与专业教师的同步解析作为训练学生基本技能的基础。通过判例分析、判例比较、控辩审流程等使知识教学与实践教学紧密结合，将知识学习融汇于实践学习之中。同时，围绕实际司法过程的需要，引导学生进行判例学习，引导学生解决司法实践中的难题和热点问题，使学生在知识学习的同时可以“随时”“随地”获得实践检验知识学习效果的机会，实现将教材、课堂“装进口袋”的效果。

### （三）全面实现高校与实务部门在教材建设上的“全过程”合作

习近平总书记在哲学社会科学工作座谈会的讲话中指出，在教材编写、推广、使用上要注重体制机制创新，调动学者、学校、出版机构等方面积极性，大家共同来做好这项工作。案例库是立体教材建设的重要内容和支撑部分，案例库力图保证与司法实务的同步更新；同时，立体教材内容亦随着案例库的更新而保持同步更新，避免教材内容的“落伍”。因此，充分吸纳实务部门在案例库甚至是教材建设上的作用，以合作共建模式，保证最新判例、庭审直播的更新和“精准”供给。同时，邀请司法实务人员全程参与教材建设、教材使用中的疑难问题解答，让学生能够在教材学习的同时，真实地感受司法全过程，让教材“由死变活”“由静变动”，让教材变成“活”的可以“说话”的“魔法”教材。

### （四）全面实现智慧教学在教材建设中的价值体现

立体化教材建设同智慧教学、网络教学相衔接，在改革网络教学环境建设的基础上，充实实践教学和案例教材网站资源，推动教学手段、教材建设由单一媒体向多媒体、网络化、现代教育技术转变。在教材建设工作上，统筹推进精品案例库建设、互联网人人交互平台建设、人机交互平台建设、移动互联网平台建设，并实现各部门法，以及各部门法相关知识点的联网（如侵权—违法—犯罪；民事诉讼—行政诉讼—刑事诉讼间的无缝衔接），从教材建设上实现法科实践教学的一体化。

## 二、法学教材改革立体化、智慧化的基本内涵

法学教材改革的重点方向应当体现法学教材体系的本土性、时代性、专业性和实践性。换言之，法学教材的立体化是借助现代多媒体技术，将司法实践的运行过程立体化、直观化的“搬进”教材中，使其同具体的知识点相对应，以司法实践的具体操作来对专业性概念进行实践视角的解释。

### （一）教材内容的立体化、信息化

教材内容的立体化丰富了教学的内容，通过微信公众号、庭审视频、庭审卷宗、司法解释等内容的直接引入，使教材成为随时可以进行内容更新，使教材更加实践化。立体化教材的主教材的编写突出知识点、知识体系，同时作为一个框架，以案例为主进行教学，使学生感知真实的司法过程，以后的知识运用更加趋于真实情况。为立体教材的每章节知识点提供配套习题，并且独创模拟系统，令学生以案例中的角色参与并推进案件的进程，体会司法全过程。具体言之，法学教材的立体化建设主要由主教材、辅教材组成：①主教材。根据传统的法学教材体系和知识框架，进行基础的内容编写。法学教材立体化、智慧化的前提依然

应当以传统的通说性框架体系为基础，保证教材内容设计的专业性。②辅教材。在主教材的基础上，对应每一个章节的具体知识点，分别设置对应的配套案例、庭审录像、卷宗、司法解释，这种同具体知识点对应的配套模式，有助于教材使用者有针对性地、迅速地掌握不同知识点的理论问题、实践问题。

### （二）教材形式的立体化、动态化

将动态教材、电子教材和实践教学建设作为立体化教材建设的重要组成部分，加强主体知识、精品案例库及案例分析、习题试题库及答案、教案、课件、庭审直播与视频、热点法律问题解析等的配套建设，引导学生自主、自发、自动查阅司法过程中的真实判例，帮助学生主动养成问题意识，形成解决实际问题的方法和能力。在此之外，利用公众号二维码使教材成为可以“说话”的教材，通过微信公众号的动态更新，实现教材内容的实时更新化，便于读者交流、留言的同时，进行辅导资料的上传、相关研究成果的发布。

### （三）教材使用的可互动、可交互

法学教材的可互动、可交互是教材立体化、智慧化的典型体现。具体言之，通过教材配套公众号的建设，实现教材作者同读者之间、读者与读者之间就教材内容、学习心得、研究成果进行交流，实现教材的可交互性，由“纸质”的教材转变为“可互动”的教材。习近平总书记在中国政法大学讲话中强调，要打破高校和社会之间的体制壁垒，将实际工作部门的优质实践教学资源引进高校，加强法学教育、法学研究工作者和法治实际工作者之间的交流。法学教材的可互动、可交互不仅仅局限在教材作者与读者、读者与读者之间的交流，同时应当引入司法实务领域的实务工作者参与教材的互动，在配以法官、检察官视频讲解知识点的同时，由法官、检察官对相关知识点在司法实践中的应用进行讲解和回应。例如，在教材中通过应用程序设立人机交互平台（包括学习与自测功能等）、人人交互平台（包括师生交流与学生间讨论功能等），实现专业教师（包括跨学校、跨学科）、司法实务人员（包括跨地域、跨部门）、学生（包括跨学校、跨学科）之间的在线交流与讨论。

### （四）教材配套的实时化、立体化

将授课、讨论、作业、实验、实践、考核、教材等教学环节统筹规划，形成立体化的教学内容体系，突出教学内容的科学性、先进性、趣味性、实践性，并与司法改革、司法实践、法治热点、社会需求结合起来。读者在教材学习中遇到问题，可带着问题在实际判例中找到符合司法真实状况的处理办法。教材中设置了专业、实务教师线上答疑功能，让学生随时、随地理解对于理论争议问题在司法实践中如何体现，司法实践需要何种知识指导。以中国政法大学法学立体教材建设为例，教材内容建设依托检察案件原始案卷副本档案阅览室、审判案件原始案卷副本档案阅览室、公益法律援助原始案卷副本档案阅览室，实现了卷宗的电子化、精选化，并通过由此组建的精品网络案例库进行立体化教材建设。

## 三、法学教材立体化、智慧化的实施方案

法学教材立体化、智慧化的核心在于实现专业知识、实践知识的同步化，实现读者与编写者之间的有效互动，实现司法实务工作者在教材建设中的功能。根据这一基本定位，法学教材的立

体化、智慧化方案主要包括教材的同步性、教材的可交互性、教材内容的司法全程性、教材的实践性和教材辐射面的广泛性。

### （一）教材的同步性

第一，案例与理论知识的同步。每个案例对应多个理论知识的标签，每个理论知识对应的标签连接着多个案例，包括相关案例、对比性案例、特殊案例等，这些案例会通过和各级法院联通进行更新，个案角度会实时跟进案子的发展，包括证据的完善，案件新的争议焦点和相关专家实时分析等。在此需要强调的是，立体化教材中的知识点是标签化的，每个标签下准确对应不同学说的理论知识；立体化教材中的案例所涉及的知识点也是以标签的形式提炼出来。理论知识和案例准确对接，可以达到精准查找的效果。

第二，庭审直播视频与理论知识的同步。多数庭审直播视频被精选剪辑，并且在每个视频后面附有涉及的理论知识，这些理论会对本身包含多种学说进行研讨，更加会讨论各个学科在本案中适用的状况和理由。庭审直播和视频也会及时更新并且及时加入到案例网络当中，形成与其他案件的关联和对比分析。

第三，法律法规、司法解释与理论知识的同步。一方面，法律法规等会和理论知识相互对应，在理论体系框架内解释和评价法律法规；另一方面，法律法规等有新的变动，特别是出现新的司法解释，系统会及时更新并且将其与学说理论进行对接和研究。

第四，名师讲解视频与理论知识的同步和新闻热点案例更新与知识点、法条、名师分析同步。针对每个知识点、热点案例，讲解视频与教授分析会精准对应。

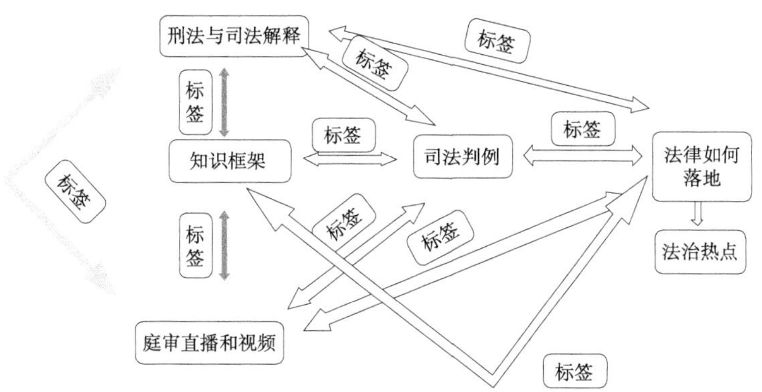


**图 1 法学教材立体化、智慧化、同步化节点联动示意图**

## （二）教材的可交互性

教材的可交互性主要体现为人人交互和人机交互。具体体现为：①人人交互平台与通常所见的聊天软件大体相同，分为不同的板块。以身份为标准分为学生—学生、学生—老师、学生—律师、学生—检察官、学生—法官等板块。以探讨的主体为标准分为不同的板块。②人机交互平台分为两套系统：练习系统，在视频过程中及结尾处进行练习；模拟系统，以案例中的角色参与并推进案件的进程，体会司法全过程。③联系教师、学者以及司法从业人员，分为常驻答疑和临时答疑两种。④对选择的案例进行抽象概括，将司法过程分为不同的阶段，制作成游戏视频，并对其进行案例分析，设计问题。

## （三）教材内容的司法全程性

第一，横向全程性，目的是使学生感知具体案件中司法判决真正的形成过程。主要包括：①将司法判决形成的各个时间节点以时间轴的形式标示出来。②在每个时间节点处插入超链接，学生依次点击各个时间节点跳转出案件在该节点的详细过程，一个一个浏览下来就能把握案件判决形成的来龙去脉。③以超链接形式插入的节点分别是侦查机关初步调查立案、侦查机关进行侦查、检察院审查起诉、法院开庭审理、刑事执行机关执行，其中法院开庭审理又包括庭审准备、法庭调查、举证质证、法庭辩论、被告人最后陈述。④各个节点包括调查笔录、证据、真实的卷宗、影像资料等合法披露的一切内容，利用学校案卷阅览室中的卷宗、庭审直播教室的录像视频，再以共建法院提供的资料为补充。

第二，纵向全程性，体现在学生对某一个知识点的学习深入上。主要包括：①纸质教材上有标签化的知识点，这与普通法学教材别无二致，以供学生初步构建刑法知识体系。②立体化教材中包含某个具体小知识的名师讲解短视频或者短音频，与法学院校的名师合作录制。这不仅在学生初步学习时有帮助，日后学生对某个具体知识点有遗忘或模糊的地方也可以快速定位，通过再次观看视频或听音频高效回顾。③学习完成具体知识点，学生需要结合法条进一步理解。立体化教材借鉴市面上各种法条大全中与各个具体知识点的对应，使学生点击某个知识点时跳转出与之相关的法条，同时这也是交互跳转的，点击法条也会跳转出知识点。④立体化教材中包含单个经典案例的分析，相似经典案例的对比分析，这些需要教材编写者对各个案例进行深入探究、分解、对比分析等，还要与具体知识点联系起来，从案例中提炼出几个关键知识点，达到检索某个知识点时跳转出与之有重合的几个案例。⑤收录名师大家对经典案例的探讨，用学术争鸣来开阔学生眼界与思路。

### （四）教材的实践性

立体化教材旨在弥补传统教材知识点繁多、例证不足、案例不够新、对案件真实发生过程介绍不足等缺陷，将每一个知识标签丰富化，加上影音、庭审录像、拓展知识链接等，极力使得使用者们在学习知识标签的时候能够利用更加充分、多样、完备的素材，全方位地深度学习，学得更透。要实现实践性，可以分以下几个步骤走：①广泛搜集每一个案例的相关素材：影音、证据目录、调查笔录、庭审录像等，丰富案例库里每一份案例的相关文件材料、多媒体材料。②在每一个知识标签后联系相关的、相对立的易混淆知识标签，正反面对比学习，丰富每一个知识标签。③将每一个知识标签、案例下方评论区中出现的精彩点评、知识归纳等内容在案例库更新的时候补充进去，不断实时更新、丰富，使得每一个案例、知识标签更加饱满。重视评论区，模仿网易云音乐评论区建设这一成功案例。

### （五）教材辐射面的广泛性

第一，纵向广泛性。法学的学习是一个循序渐进的过程，因此，立体化教材的分层次是很必要的，如果只采用一个既定难度的教材编著，注定难以扩大受众面，难以推广，实现广泛性。实现教材的纵向广泛性，可以分以下几个步骤走：①分层次设计立体化教材，以适应不同层次的知识水平、理解水平的受众人群。教材可以分为三个版本，面向初阶、中阶、高阶法学学习者，调整案例的复杂程度，理论的深刻水平。②不同水平的用户可以相互帮助，共同讨论。在每个标签下方均设置有评论区，中高阶法学学习者可以在此处解答初阶法学学习者的一些疑惑，而与此同时，初阶法学学习者的一些疑惑也许会给中高阶法学学习者一些新的思考角度，一些天马行空的问题正是中高阶法学学习者梦寐以求想要接触到的新鲜力量、真实力量。③定期邀请法学教授参加立体化教材的答疑，吸引更多的中高阶法学学习者关注教材配套公众号。

第二，横向广泛性。不同于法考缩小应试者群体范围，此立体化教材应面向整个社会范围内不同专业背景、教育水平的所有对法学知识有渴求的人群，推动法学教育为通识教育，因此本教材应当具有横向的广泛性。要扩大横向广泛性，可以分以下几个步骤走：①各地各高校法学院协同实现横向广泛性，主要可以通过校学生会外联部推广，在各大高校联谊会上进行宣讲、推广。②将立体化教材向未开设法学专业的各大理工科院校推广，向理工科背景的学生提供法学思维。当今蓬勃发展的AI人工智能、基因工程技术等都会涉及社会伦理道德，甚至会触碰到法律的红线。横向的广泛性将理工科的科技人才纳入受众范围，可以帮扶科技的健康、合法发展。③收取不同专业背景的使用者的意见，吸取建议，不断删减、添加，使得此教材在实现专业化的同时，也涵盖能被大众接受的、更接地气的知识和内容，从而使得横向广泛性不断蔓延。

## 四、结语

法学教材的立体化、智慧化的核心是以信息网络技术为支撑，打破法学教材编写过程中专业知识同专业实践相割裂、编写者与读者相割裂的现状，通过专业知识点同司法实务的具体化对接，将庭审过程、卷宗编写、司法解释、案例解读等内容有针对性地对应于相关的知识点，充分吸纳优秀司法实务人员参与教材编写的广度和深度，推动刑法学立体教材编写过程中集群化案例的强化和深入，加强动态案例、口述案例、共享案例、智慧案例的体现化，实现庭审录像直播案例、判决文书案例、检察官和法官视频讲授案例、微信二维码共享与实时更新案例的系统化，进而实现法学教材知识学习与实践学习的同步化，实现法学教材的动态化和智慧化。

# 国际经济法方法论存在的问题及解决之道

◎张丽英*

**摘　要：** 国际经济法具有新兴性、交叉性、跨国性的特点，在庞大的广义国际经济法研究框架下，学习和研究者很难进行理论上的整合与协调，这导致研究者们形成藩镇割据、支强干弱的局面，“支强干弱”具体表现为基本理论研究不深、缺乏创新的难题，出现有“热点”没“视角”，有“立场”没“个性”，有“经济”没“法律”的问题。文章通过分析出现这些问题的原因，指出解决之道是提升“创新”能力，避免“重复建设”，在方法论上则应避免过度依赖“法条注释”法，采取多种研究方法。

**关键词：** 国际经济法　方法论　支强干弱　新兴性　交叉性

---

*　张丽英，中国政法大学国际法学院法学教授，博士生导师。

国际经济法是一个新兴、独立的法律部门。近年来，中国在国际经济领域的角色越来越重要。一个重要的标志就是“一带一路”倡议。[1] 20 世纪 80 年代以来，出现了第三轮全球化的浪潮。[2]全球化浪潮似乎推倒了各国的疆界，使全球经济一体化。而 2008 年以来的金融危机引起了很多国家采取“去全球化”的措施，给全球经济自由化带来了严峻的威胁与挑战。[3] 而到了 2019 年，全球经济速度放缓，出现了逆全球化的倾向，“美国优先”也引致美国退群，中美贸易冲突升级，新冠肺炎疫情的出现诱发逆全球化的进一步加剧。2020 年的新冠肺炎疫情导致全球供应链受阻严重，[4]更使逆全球化的势头日益上升，国际合作在政治、经济等领域面临前所未有的危机。国际合作本应是当代国际法的主导价值，却被国家之间的对立排挤，国家间的互信和合作日益困难。当然也有持不同看法的，例如，时任世贸组织总干事阿泽维多认为新冠肺炎疫情对全球供应链造成的影响并不必然导致逆全球化，减少疫情对产业链负面影响的正确方式是通过国际协调和合作，让国际贸易正常运转。[5]全球新冠肺炎疫情的发生凸显了国际公共卫生体系等的缺陷，也会引致相关国际规则的重

---

〔1〕《习近平主席提出“一带一路”倡议 5 周年：构建人类命运共同体的伟大实践》，载中华人民共和国中央人民政府官网：http://www.gov.cn/xinwen/2018-10/05/content_5327979.htm，最后访问日期：2020 年 4 月 27 日。

〔2〕 Jan Aart Scholte, *Globalization: A Critical Introduction*, 2nd edition, Palgrave Macmillan, 2005, pp. 90-198.

〔3〕何志鹏：《国际经济法治：全球变革与中国立场》，高等教育出版社 2015 年版，第 3 页。

〔4〕《新冠疫情下，全球供应链重构与中国制造业应对》，载 http://news.10jqka.com.cn/20200414/c619306234.shtml，最后访问日期：2020 年 4 月 28 日。

〔5〕《世贸组织总干事：新冠疫情不必然导致逆全球化》，载新华网：http://www.xinhuanet.com/world/2020-04/09/c_1125832565.htm，最后访问日期：2020 年 4 月 28 日。

构，这必然伴随着新一轮的国际规则博弈。对此，国际经济法学人任重道远，必须加强对国际经济法的研究。然而由于国际经济法具有的新兴性、交叉性、跨国性特点，导致其研究上出现“支强干弱”等问题。本文拟从国际经济法的特点、研究方法出发，阐示研究方法上出现的问题，并寻找解决之道，提升国际经济法的教育和研究水平。

## 一、国际经济法的特点对研究方法的影响

### （一）国际经济法具有“新兴性”的特点

“国际经济法”概念的提出可以追溯至20世纪20年代的苏联，而其真正成为一个相对系统独立的法律体系，则是以1944年“布雷顿森林协定”的缔结及其后两个“布雷顿森林机构”［国际货币基金组织（IMF）和国际复兴开发银行（世界银行）］的成立，以及1947年《关税与贸易总协定》（GATT）的缔结为标志。由此形成的“布雷顿森林体系”深刻影响和塑造了现代国际经济秩序，并成为作为一门学科的国际经济法学赖以建立和发展的基础。

在经过20世纪80年代的奠基阶段和90年代的初步发展阶段后，中国国际经济法学在21世纪进入了繁荣发展的新阶段。在此期间，有五个具有标志性意义的重大事件或者发展趋势，在不同领域、从不同侧面有力推动了中国国际经济法学的发展：①中国2001年加入世界贸易组织（WTO），依托WTO多边规则和争端实践，国际贸易法特别是WTO法律制度研究取得长足进步；②2008年全球金融危机爆发后，以对既有国际货币金融法律体系的批判和反思为契机，国际金融法研究得以蓬勃发展；③中国从

贸易大国向投资大国转变，以及“一带一路”倡议和“走出去”战略的推进，国际投资法研究获得新的动力。④数据经济与人工智能的发展。近年数据经济及人工智能的发展导致该领域众多立法的出现，例如，2018 年生效的欧盟《一般数据保护条例》(General Data Protection Regulation，简称 GDPR) 会在数据经济领域产生巨大影响，也引起了相关研究的繁荣。⑤逆全球化的出现，近年来美国的单边主义、美国与他国的贸易战、美国的单边贸易制裁，以及 2020 年的新冠肺炎疫情导致进一步逆全球化的倾向，也引发了一系列国际经济法相关研究的热点。

### （二）国际经济法具有“交叉性”的特点

国际经济法“交叉性”的特点体现在其边缘性、综合性和独立性。国际经济法是一个第二次世界大战后新兴的独立的法律部门。它不再恪守传统的公法与私法、国际法与国内法的界线，而是按照国际经济关系发展的客观需要形成的一个既包括“公法”规范又包括“私法”规范，既包括国际法规范又包括国内法规范的一个综合的法律体系。国际经济法以研究客观存在的跨国经济关系中的法律问题为对象，着重研究国际法规范与国内法规范两者之间的相互关系。

### （三）国际经济法具有“跨国性”的特点

如前所述，广义说认为，国际经济法是调整国际（跨国）经济关系的国际法、国内法的边缘性综合体。美国的杰塞普教授称其为“跨国法”，他认为跨国法指所有的规范跨越国境的行为和事件的法律，包括国际公法和国际私法，以及不能被这两个法律部门涵盖的法律。在跨国的情势下，法律关系的主体也比传统国际法更为广泛，包括个人、公司、国家、国际组织以及其他主体。[1]在跨国法的观念下，任何法律关系的主体，不论其性质如何，只要其活动超越了一国的边界，就是跨国法上的法律关系的主体。在传统的国际法观念中，国家对其内部事务拥有绝对管辖权，而依“跨国法”的理论，管辖不是基于主权而应是一种程序，这种程序应是可使管辖权以一种友好的方式被分配到世界上的所有国家。因此，跨国法对传统的以国家为中心的国际关系和国际法构成了一个重大的挑战。[2] 该说通过强调非国家行为者在跨国关系中的重要地位，认为非国家行为者是对国家间关系的补充。这种对私人行为者在跨国关系中作用的确认，丰富了对国际法主体的认识。“跨国法”的特点自然不光表现在主体方面，国际经济关系包括“公”的关系，也包括“私”的关系，调整国际经济“私”的关系的法律实际上更多的是各国的国内立法。因此，以比较法的方法研究也是其研究上的突出特点。

上述国际经济法“新兴性”和“交叉性”的特点导致其研究的方法也具有下列特点：其一，全方位的综合研究方法。综合研究方法指从多角度、多层次来研究国际经济法现象的研究方法，除了法学的研究方法，在相关研究方法方面包括哲学的、历史学的、社会学的、语义分析学的方法等。综合运用多学科的研究方法，可以对具有“交叉性”特点的国际经济法律现象的各个方面、各个因素有更深刻的把握。其二，国际经济法的“跨国性”特点使其在比较的研究方法上更为突出。“比较”已运用于法学的各个分支学科和法律部门的研究，在国际经济法研究方面自然

---

〔1〕 Philip Jessup, *Transnational Law*, The Yale University Press 1956, pp. 2-3.

〔2〕 Zumbansen, *Transnational Law*, in Jan Smits ed., *Encyclopedia of Comparative Law*, Cheltenham, 2006, p. 743.

也不例外。由于国际经济法“跨国性”的特点，比较的研究方法在该领域更为突出。比较的方法可分为三个不同层次：叙述的比较法，即涉及外国法的研究；评价的比较法，即比较不同国家法律制度的异同及发展趋势；沿革的比较法，即研究不同法律制度之间的现实和历史关系。其三，经济学的研究方法和法学的研究方法相结合。对国际经济法的经济分析已经形成三种探究方法：规范经济分析，集中于“效率”分析；绩效分析，属实证经济分析；激励分析，利用经济学分析模式—博弈分析和公共选择分析，对国际经济法从新的视角进行审视。[1]国际经济法的经济分析是建立在国家是理性的自我利益最大化的个体行为者的假设之上的。在国家间经济关系中，各国为了减少交易成本，克服合作困境，追求更大收益，产生了国际经济法。因其欲解决问题的属性差异和变量不同，国际经济法表现出丰富多样的具体内容和制度形态。[2] 实证研究表明，经济学的研究对国际经济法律制度的生成、形态、内涵等具有很强的解释力。

## 二、国际经济法常用的研究方法

国际经济法学发源于国际法学，国际法的研究经历了自然法学派的演绎方法，实在法学派的归纳方法，第三世界国际法学的批评方法，现代国际法的研究方法还有分析方法、建构主义方法、女权主义方法等。国际经济法的研究方法没有国际法领域方法论那么广泛，但基本方法趋于一致。有学者认为，中国国际经

---

〔1〕 那力、王作全：《法经济学与国际经济法学》，载2009年度（第七届）中国法经济学论坛论文集。

〔2〕 王彦志：《国际经济法的经济分析初探》，载《国际经济法学刊》2009年第1期。

济法学可采纳建构主义方法，改良现行国际经济体制和国际经济秩序，实现中国和平崛起的目标。[1]

## （一）西方国际经济法研究方法

西方在国际经济法的研究方法上采用了教义学分析、法理学视角、社会法律研究、实证研究方法、比较法分析法等。

1. 教义学分析

教义学分析（Black Letter or Doctrinal Analysis）注重规则和文本。在教义学分析的框架下，法律自成体系，政治立场中立，独立于其他学科，研究对象仅限于法规和案例本身，包括对大前提、目的和范围的考查。[2] 教义学分析方法旨在客观地在法律体系内部（法律的解释和适用）寻求一致性和连贯性，而不是通过外部原因（社会价值、政治理论）。总的来说，教义学分析想要将法律全面地系统化、合理化。具体来说，教义学分析可能涉及演绎推理（deductive reasoning）、三段论推理（syllogistic reasoning）以及类比推理（analogy）的运用，通过这些方法，教义学分析进一步阐述并澄清法律，从批判的角度为法律的改革提供建议。

2. 法理学视角

法理学视角（Jurisprudential Perspectives），这种研究方法不追问法律本身的性质，而是强调法律在社会中是如何发展和实际应用的。[3] 随着时代发展，法理学视角已经发展出多个分支，

---

〔1〕 朱兆敏：《论国际经济法学的研究方法》，载 http：//www.wanfangdata.com.cn/conference/8297022，最后访问日期：2020年5月1日。

〔2〕 Amanda Perry- Kessaris，*Socio-Legal Approaches to International Economic Law：Text，Context，Subtext*，Routledge，2013，p. 14.

〔3〕 Amanda Perry- Kessaris，*Socio-Legal Approaches to International Economic Law：Text，Context，Subtext*，Routledge，2013，pp. 186-190.

包括法律现实主义、批判法学、法与经济学、后现代主义法学、女权主义等。

法律现实主义（Legal Realism）于20世纪30年代起源于美国，法律现实主义认为法律争端最终的结果并不纯粹是由法律的统一适用决定的，而是由其他非法律因素决定的，比如道德或政策性考量。[1] 法律现实主义最为有名的经典表述出自美国最高法院的法官霍姆斯（Oliver Wendell Holmes），他认为“法律的生命从来不在于逻辑，而在于经验。[2] 时间的紧迫、相关的道德和政治理论、公共政策方面的直觉，甚至是法官与其同事们保有的偏见，不论承认与否或是否意识到，这些因素在法官决定人们应当遵守规则的裁判和考量过程中所占的比例比三段论多得多”。法律现实主义认为在司法判决的背后，法官对事实的回应远远高于对规则的回应。在作出判决时，法官应当意识到这个司法判决对于整个社会的影响。

批判法学（Critical Legal Studies）发源于20世纪70年代的美国，该学派认为法律是权力表达的一副面具，法律本身不是中立的，而是受服务于社会精英利益的意识形态驱动。该学派还认为，法律具有不确定性，司法判决的结果并不是由某些学说或判例决定的，而是由其他因素决定。[3] 批判法学强调两个概念，一为“修剪（trashing）”，即披露法律所隐藏的政治本质；二为“实化（reification）”，即要求法律超越其原来在特定社会背景中

---

〔1〕 Legal Realism, Business Dictionary, available at http://www.businessdictionary.com/definition/legal-realism.html, last visited on May 1, 2020.

〔2〕 Oliver Wendell Holmes, Jr, in Encyclopædia Britannica, available at https://www.britannica.com/biography/Oliver-Wendell-Holmes-Jr, last visited on May 1, 2020.

〔3〕 Amanda Perry- Kessaris, *Socio-Legal Approaches to International Economic Law: Text, Context, Subtext*, Routledge, 2013, p. 5.

被创造制定的样子，达到独立的状态。批判法学与女权主义、种族批判主义和同性恋法律理论的学者都一致认为法律是精英阶层权力的表达，只不过前者关注整个社会，而后者将注意力放在了边缘化群体身上。

法与经济学（Law and Economics）强调自由市场所倡导的经济效率、财富和效用最大化的目标，认为法律仅仅是对其所处经济系统的反映。法与经济学是方法论中非常具有影响力的一种研究方法，它的源头可以追溯到法律现实主义者在解释和分析法律时重视对非法律因素的考量。[1] 该学派旨在解释法律系统中行为人的行为、揭露法官作出某些司法判决的原因以及立法者为何制定某些特定法规。该学派因其主张的观点建立在理性经济人假设的大前提之上，远离司法公正和权利探讨而饱受批评。

后现代主义法学（Postmodernist Theories of Law），认为法律是没有逻辑、没有秩序并且不连贯的。[2] 基于此，该学派强调对社会的法律框架、法律概念以及法律用语本身进行解构，通过反对宏观的法学理论以揭露法律背后的无秩序和多样性。该学派挑战客观的概念，转向强调我们主观的法律体验，不断探索法律普世适用的相关问题。

以不同群体为研究对象的法学理论：包括女权主义（Femi-

---

〔1〕 Alain Marciano, *Giovanni Battista Ramello*, *Encyclopedia of Law and Economics*, available at https://link.springer.com/referencework/10.1007/978-1-4614-7883-6, last visited on April 29, 2020.

〔2〕 Bruce A, Arrigo, *The Peripheral Core of Law and Criminology: On Postmodern Social Theory and Conceptual Integration*, available at https://www.tandfonline.com/doi/abs/10.1080/07418829500096091, last visited on April 25, 2020.

nist Legal Theory)、[1] 种族批判主义（Critical Race Theory)、[2] 同性恋理论（Queer Theory）等。[3] 随着时代发展，法学理论开始关注社会的边缘化群体，形成以不同群体为研究对象的各类法学理论，主要包括女权主义、种族批判主义和同性恋理论。女权主义将女人的法律体验放在了法律分析的中心。种族批判主义关注非裔美国人的法律体验，还形成了以亚裔和拉丁裔为研究对象的亚裔和拉丁裔批判法学。同性恋理论讨论了在法律框架下性别、性别转换以及中间性涉及的法律问题。

3. 社会法律研究

社会法律研究（Socio-Legal Research）强调法律之外的社会理论和行动。[4] 社会法律研究认为法律和法律分析应当在一定的社会背景下进行，区别于教义学分析。社会法律研究的视角不仅局限于法学理论本身，而是将法律视为一种社会现象或社会体验的一种类型。社会法律研究揭示了法律的政治本质，探索法律是否实现了其目标的效果，通过连接法律和政策性目标来支持法律改革，并通过了解不同群体接触法律的实际体验来呈现法律在实务中是如何操作的。从性质上来看，社会法律研究是跨学科的研究，如果要采取这种研究方法，需要对相关学科拥有超过基础水平的理解，并能够驾驭其他学科那些全然不同于法学研究的研

---

〔1〕 Genevieve R. Painter, *Feminist Legal Theory*, available at https: //www. sciencedirect. com/science/article/pii/B9780080970868860328, last visited on May 1, 2020.

〔2〕 Tommy Curry, *Critical Race Theory*, available at https: //www. britannica. com/topic/critical-race theory, last visited on April 15, 2020.

〔3〕 *Queer Theory*, available at http: //changingminds. org/explanations/identity/queer_theory. htm, last visited on April 12, 2020.

〔4〕 Treviño, A. Javier, *Theory and Methods in Socio-Legal Research*, available at https: //xueshu. baidu. com/usercenter/paper/show? paperid = 3fea786856ef491304b8732add6d5ce0&site=xueshu_se, last visited on April 23, 2020.

究方法。

4. 实证研究方法

实证研究方法（Empirical Research Methods）是目前使用最为广泛的研究方法，以观察、经验、试验或调查为基础，不关注法学的理论层面，而是强调法律在现实世界里的实际应用。实证研究方法提出的典型性问题主要包括：法律是如何运行的？法律上的改变将带来怎样的影响？法律系统中各类人是如何行为和决策的？法律是怎样得到执行的？如何提供法律服务？人们如何受到法律的影响以及在法律方面的体验如何？实证研究方法与社会法律研究这两种研究方法非常类似，都可能涉及定性和定量分析，可以使用的具体方法包括采访、观察、调查问卷、案例研究、数据采集、经济分析以及考查法院记录等。这些方法需要大量地对外接触和交流，并结合实务，因此实证研究方法对研究时长和资助提出了很高的要求。

5. 比较法分析法

比较法分析法（Comparative Legal Analysis）包括两种思路，一是移植，二是统一。移植是指面对同一个法律问题，其他法域是如何解决的，例如考查美国仲裁法如何处理平行程序，美国的方案是否能够解决我国的平行程序问题。统一是指面对社会问题，不同法系之间是否呈现出相同的发展趋势或模式，比如各国商法的趋同性研究。比较法分析要求作者对相关法律制定和运行所处的社会、政治和文化背景有充分的了解。

### （二）中国国际经济法研究方法

借鉴上述西方学者研究国际经济法的方法，中国国际经济法界在教学和研究上常用的方法包括历史研究法、实证研究法和比较研究法。

1. 历史研究法

历史研究法（Historical Research Method）又称纵向研究法，是运用历史资料，并依历史发展的顺序对过去事件进行研究的方法。[1] 在国际经济法研究领域，它着重对国际经济法律制度的形成过程进行研究，摸清其产生、发展和变化的脉络。多元的史学研究方法能够为国际经济法解决复杂的国际经济问题提供有效的方法论基础。[2] 对国际经济法学史的研究能够揭示国际经济法产生和发展的规律。例如，在对国际贸易术语进行研究时，就要从其历史渊源开始研究并研究其演进过程，比较每一版本与上一版本的不同与进步，目前为 Incoterms © 2020。WTO 的研究、国际贸易规则的研究、海商法的研究、国际投资、国际金融等的研究无不依赖历史研究法。

2. 实证研究法

实证研究法（Empirical Research）是认识客观事实，研究现象本身"是什么"的研究方法，该研究法试图超越或排斥价值判断，只揭示客观现象的内在构成因素及因素的普遍联系，实证研究法的特点是：其一，其目的在于认识客观事实，研究现象自身的运动规律及内在逻辑。其二，对研究的现象所得出的结论具有客观性，并根据经验和事实进行检验。[3] 实证研究法主要有四个步骤：一是确定所要研究的对象，分析研究对象的构成因素、

---

〔1〕 Amanda Perry-Kessaris, *Socio-Legal Approaches to International Economic Law: Text, Context, Subtext*, Routledge, 2013, p. 12.

〔2〕 《历史研究法》，载 https://baike.baidu.com/item/历史研究法/732898? fr=aladdin，最后访问日期：2020 年 4 月 24 日。

〔3〕 Amanda Perry-Kessaris, *Socio-Legal Approaches to International Economic Law: Text, Context, Subtext*, Routledge, 2013, p. 29.

相互关系以及影响因素，搜集并分类相关的事实资料。二是设定假设条件。在研究的过程中，试图把所有复杂因素都包括进去是不现实也不可能的。为此，必须对某一理论所使用的条件进行设定。三是提出理论假说。假说对研究对象现象的经验性概括和总结，但还不能说明它是否能成为具有普遍意义的理论。四是验证。检验包括应用假说对现象的运动发展进行预测。[1]实证研究的方法是一种现实主义的方法，以描述的手段讨论实然问题。采取规范分析、实例分析的方式，对某一领域的问题进行研讨。实证分析关注的问题一般都是“是什么”。这种方法在国际经济法中颇为常用，特别体现在 WTO 相关研究中，[2] 例如研究“发展中成员差别与优惠待遇原则”是否是 WTO 各项协定中的一项比较重要的原则就要客观审视 WTO 协定中的相关规定与案例用以分析该原则是否为 WTO 比较重要的原则之一 。

3. 比较研究法

比较研究法（Comparative Study Method）是不同国家或地区法律秩序的比较研究。它可以分为三个不同的层次：叙述的比较法，即外国法的研究；评价的比较法，即比较不同国家的法律制度的异同及其发展趋势；沿革的比较法，即研究不同法律制度之间的现实和历史关系。比较法是通过观察分析，找出研究对象的相同点和不同点。它是认识事物的一种基本方法。[3] 比较法研究方法也是国际经济法学研究中非常重要的研究方法。在论述经

---

〔1〕《实证研究法》，载 https://baike.baidu.com/item/实证研究法/2360612? fr=aladdin，最后访问日期：2020年4月12日。

〔2〕 刘久：《浅析国际经济法方法论》，载《法制博览》2014年第10期，第118~119页。

〔3〕《比较法》，载 https://baike.baidu.com/item/比较法/5108391? fr=aladdin，最后访问日期：2020年4月24日。

济法学方法论时，有学者认为经济法学研究应当注重不同国家或地区商品经济关系及其法律秩序的异同，对此进行充分的比较分析，既要涉及相同社会制度国家经济秩序的共性，又要涉及不同社会制度国家经济秩序的差异性并给出科学阐释。研究国际经济法，一定要熟悉相关国家的政治经济历史背景，以及其之间的异同。

## 三、国际经济法研究的框架及存在的问题

### （一）广义的国际经济法的特征

谈到国际经济法的研究框架离不开对国际经济法“广义”和“狭义”的解读。从“广义”的角度，国际经济法是调整国际经济活动和国际经济关系的法律规范的总和，即调整国际经济交往中关于商品、技术、资本、服务在流通结算、信贷、税收等领域跨越国境流通中法律规范和法律制度的总称。国际经济法是一个独立的法律部门，要证明其为独立的法律部门，就必须与相邻的法律部分进行区别。国际经济法与国际公法、国际私法、国内经济法间具有不同的内涵和外延。虽然它们相互间在某些方面互相联系并相互交叉或重叠，但它们均是各自独立的法律部门。国际经济法不是经济的国际法，也不是国际私法或国内涉外经济法。国际经济法是新兴的、综合性的法律部门，其特征主要表现在：其一，主体上不仅包括国家、国际组织，也包括分属于不同国家的个人和法人；其二，调整对象上不仅包括国家与国际组织相互间的经济关系，而且还包括不同国家的个人、法人间以及国家与他国国民间的经济关系；其三，渊源上不仅包括经济方面的国际条约和国际惯例，而且包括国际民间商务惯例和各国国内的涉外

经济法规。

## （二）国际经济法与相邻法律部门的关系

国际经济法的研究范围涉及其与相邻法律部门的关系，国际经济法与相邻法律部门之间既有联系又有区别。

国际经济法与国际公法的区别主要表现在：首先，在主体上，国际经济法与国际公法的主体不同，国际公法的主体限于国家与各类国际组织，而国际经济法的主体则包括国家、国际经济组织、民间商事组织、法人、个人。其次，在法律渊源上，国际经济法的渊源为经济领域的国际条约和国际惯例，联合国大会的规范性决议，国际私人商业惯例、国内的涉外经济立法也属于国际经济法的渊源。而国际公法的渊源主要是国际条约、国际习惯。这里的国际习惯是指国家间的政治和外交活动产生的习惯，而非商业惯例。再次，在调整对象上，国际公法调整国家间的政治、外交、军事及经济等关系，且传统上以调整非经济关系为主。国际经济法的调整对象主要是国家、国际组织、法人和个人之间的经济关系，排除了非经济领域的关系。最后，两者的争议解决途径不同，国际公法解决国际争端的方式包括强制的和非强制的，非强制方法包括谈判、斡旋、调停、谈判及仲裁和司法解决，强制的方式包括反报、报复、封锁和干涉。而国际经济法解决争议的方式包括协商、调解、仲裁和诉讼。

国际经济法与国际私法在调整的主体、调整的对象、某些法律渊源上有一定的重合，但两者还有很多不同之处，其区别主要表现为：首先，在主体上，国际经济法的主体包括国家、国际组织、法人、自然人及其他经济组织等。虽然国际私法的主体也包括这几项，但在通常情况下，其主体侧重在自然人、法人和其他经济组织。其次，在调整对象上，国际经济法调整的对象是跨国经济关系。而国际私法则是调整国际民商事关系。再次，在法律渊源上，两者的渊源都有国际条约、国际惯例、国内立法，而在具体的表现形式和侧重上，国际经济法的渊源主要是实体规范，而国际私法则侧重法律适用规范。最后，在法律调整方法上，国际经济法是通过直接调整方法来调整国际经济关系的，而国际私法是通过间接调整方法来调整国际民商事关系的。

国际经济法与国内经济法在某些调整对象上、某些法律渊源上有重合，但两者还是有区别的，主要表现在：首先，在调整对象上，国际经济法主要调整跨国经济关系，而国内经济法主要调整国内经济关系，包括涉外经济关系，虽然两者都调整纵向和横向的经济关系。其次，在法律渊源上，国际经济法的法律渊源包括国际条约、国际惯例、国内立法，以及联合国大会的规范性决议。而国内经济法的渊源则主要是国内经济立法和商业惯例。

### （三）广义国际经济法的框架及在研究上存在的问题

广义的国际经济法是综合的法律体系，既包括公法也包括私法，在规范上既包括国际法规范又包括国内法规范，在调整对象上为跨国经济关系。广义的国际经济法与相邻法律部门有联系又有区别，国际经济法的“边缘性”绝非囊括一切，其“综合性”绝非简单总和，其“独立性”绝非标新立异。[1]在这个庞大的体系下形成了国际经济决总论和各分支的框架，总论部分会涉及国际经济法的概念和范围、渊源、基本原则、主体等学科的基本

---

〔1〕 陈安主编：《国际经济法学专论》（上编·总论），高等教育出版社2002年版，第111页。

问题。

在国际经济法的分支上，多年来基本形成了如下的分支：一是国际贸易法，此部分又是一个庞大的体系，从大贸易角度出发，国际贸易法包括了货物贸易、技术贸易和服务贸易。传统的货物贸易又涉及国际货物买卖合同、国际货物运输与保险、国际贸易支付与结算。在纵向的关系方面涉及对外贸易管理法，在国际方面，WTO法律制度也属于国际贸易法的一部分。二是国际投资法，该领域的研究涉及投资的市场准入、安全审查、投资保护等。三是国际金融法，包括国际货币制度、国际贷款融资制度、国际债券融资制度、国际股票融资制度、国际融资担保等。四是国际知识产权的保护，由于技术贸易也属于国际贸易的一部分，因此，此部分内容与国际贸易法有交错的地方，但也有其独立的研究内容，例如有关商标权、专利权、著作权等的国际保护，平行进口问题，知识产权保护的海关措施等。五是国际税法，涉及税收管辖权、重复征税、国际逃税与避税，涉及国际税收全球治理的CRS已成为当今研究的热点。

在如此庞大的国际经济法研究框架下，习惯于从定义、概念、范围、体系开始研究的中国学者很难进行理论上的整合与协调，形成既在外延上为国际经济法各分支所共有，又在内涵上为国际经济法所独具的独特理论，这导致研究者们通常是先将国际经济法分为若干子部门，进而又在相关子部门下划分若干“孙”部门，“子”部门乃至“孙”部门又往往有自己的“总论”，从而形成藩镇割据、支强干弱的局面。广义的国际经济法在学科开创之初，有助于新兴的学科站稳脚跟，迅速成长，[1]但当学科发展到一定程度，就出现了“支强干弱”，基本理论研究不深、缺乏创新的难题。

## 四、国际经济法研究定位与方法存在的问题

### （一）有“热点”没“视角”的问题

目前国际经济法学研究由于“支强干弱”，各分支又具有操作性和实践性强的特点，容易给研究者产生时效性强的印象，加上在科研量化考核的指挥棒下，国内高校和研究机构普遍存在重数量轻质量的倾向，导致科研人员紧盯他国或国际上的最新发展，产生“蹭热点”、缺乏科研定力的现象。科研“扎堆”突出，一些热点领域、热点问题被过度开发，而其他同样甚至可能更具研究价值的领域和问题则乏人问津。例如，在金融危机过后，就有大量学者就后金融危机时代国际经济法领域的问题撰写了论文，但存在“千文一面”的问题。[2]首先是“域外制度介绍”或“条约分析”，其次是“中国现状的对比分析”，最后一部分是“对策、借鉴、构建研究”。对于域外制度部分，鲜有对制度形成背后原因多角度的解读，而更多的是翻译他国创新的制度，出现资料简单堆砌、规则粗浅介绍、观点罗列的情况。在对比中国现状的部分存在粗浅的自我否定的态度，缺少对中国关键性背景和细节的掌握，导致相关研究中的底气和自信不足。在对策与构建部分简单化，用报纸式的语言进行无扎实理论基础的立场宣示。

---

〔1〕 廖凡：《从“繁荣”到规范：中国国际经济法学研究的反思与展望》，载《政法论坛》2018年第5期。

〔2〕 廖凡：《从“繁荣”到规范：中国国际经济法学研究的反思与展望》，载《政法论坛》2018年第5期。

该问题的解决，需要提高“问题”和“视角”意识。研究的前提是找到值得研究、适合研究的“问题”。确定一个恰当而值得研究的主题，研究就成功了一半。而找到一个主题并非易事，需要进行大量的前期准备工作，不能投机取巧，找到有价值的问题后，还需要确定有创新的研究“视角”，因为，大家可能发现了同样的问题，但如果设定的“视角”不同，仍然是具有创新意义。

## （二）有“立场”没“个性”的问题

在中国国际经济法的研究过程中，存在着两种倾向，一种是有“立场”没“个性”，另一种是有“国际”而没“中国”。前一种现象的突出表现是采用二元对立价值分析范式，在此背景下，非好即坏、非友即敌、非对即错的对立思维模式成为简单、方便的价值判断方法，得到国人的广泛采用，并泛化到国际经济法的研究中。在此价值分析范式下，以美国为代表的发达国家参与国际经济立法谈判的动机总是霸道的，发展中国家发出的声音总代表正义的诉求并值得同情等。在此思维习惯的作用下，在运用二元对立价值判断法时经常会带上“表面化”“简单化”“片面化”与“情绪化”的思维方式。这也使得在当今中国，一些学者没有清楚自己作为“知识分子”的身份，有意或无意地将自己定位成政府机关政策研究室的一员，阐述政府对外政策的“合法性”成为学术研究的唯一目的。[1]导致出现有“立场”没“个性”的问题。立场先行的思维特点，会导致在面对研究对象时，习惯性地将价值判断的标准取代事实判断。

---

〔1〕 刘志云：《方法论上的中国国际经济法研究：问题与前景》，载《华东政法大学学报》2013年第1期。

后一种现象的突出表现是在研究中进行简单化的制度比较、借鉴和移植。其基本概括为"三部曲"：首先将主张移植的外国法律神圣化，以此说明国际公约及外国立法的先进性；其次揭示我国法律的区别继而否定自我；最后提出应与国际接轨的制度构建。此种研究模式简便易行，只要有较新的国外文献就很容易写出一篇文章，但会造成的不良结果是，大量研究成果有介绍而无研究，有研究而无视角，有"国际"无"中国"。当然有"中国立场"并不是要研究者放弃自身的学术观点，扮演政策传声筒的角色。[1]研究人员需要构建自己的理论体系，对自己的视角有自主的意识，而不能是翻译他国或国际的法制成果、简单移植到国内，要研判引进相关制度的环境在中国是否存在，相关制度与我国现有规则体系的衔接度等。

### （三）有"经济"没"法律"的问题

国际经济法的许多领域需要以经济的方法进行深入的研究，例如反倾销领域、反补贴领域等，整个国际经济法律制度的构建也离不开经济的研究，法由经济基础决定，反过来，法又对经济基础具有服务的作用。[2]国际经济法各分支部门的操作性和实践性常常会使研究者迷失于技术细节，习惯于借助经济学和国际经济学的理论、方法和范式来开展研究。以跨学科视角研究国际经济法是可取的，但问题在于很多研究光是"跨"出去，却没有"收"回来，只见它学科的方法却不见本学科的视角，造成我国当前的国际经济法学研究总体而言"经济味"有余而"法律味"

---

〔1〕 廖凡：《从"繁荣"到规范：中国国际经济法学研究的反思与展望》，载《政法论坛》2018年第5期。

〔2〕 张文显主编：《马克思主义法理学——理论、方法和前沿》，高等教育出版社2003年版，第8~9页。

不足。[1]对国际经济实务操作的过度关注，及对经济理论的过度倚重，造成海关法变成通关实务、保险法变成保险实务、运输法变成运输实务、金融法变成支付结算实务等现象。经济的方法最终还是需要为解决法律问题服务，例如，对中国入世“非市场经济”问题的解读，[2] 最终是要解决对中国歧视待遇的法律问题。

## 五、国际经济法研究方法的改进方向

### （一）提升“创新”能力，避免“重复建设”

为了避免国际经济法领域研究的“跟风”，需要研究“真问题”，提升科研的“创新”能力。发现“真问题”的过程本身就是需要有研究定力，而不片面追求“表面化”“片面化”“简单化”的“热点”。任何学问的起点应当是问题，学术研究活动力则是创新。在开始研究之前需要筛选一个好的课题，这决定了整个工作方向。想要及时把握学科的大方向，需要通过下面的途径：一是开阔的视野。如果有参加国际性学术会议的机会，那就一定不要错过，因为那里有最新的学术观点，最热的研究报告，最前沿的科研工作者。会议上会有业界专家无数，仔细听取他们的报告，有助于把握某个领域的最新进展和方向。会议中有很多同行，他们可能从事着这个领域的各个相关研究，与他们充分交流，说不定可以触类旁通，激发出新的研究灵感。总之，你可以从中汲取很多的养分，为你接下来的研究添砖加瓦。二是阅读文献。这个是无法替代的，不能仅局限于读自己专业的期刊，也要

---

〔1〕 廖凡：《从“繁荣”到规范：中国国际经济法学研究的反思与展望》，载《政法论坛》2018年第5期 。

〔2〕 尚明：《论国际贸易规则制定与实施中的公平原则——以“非市场经济规则”之不公为例》，载《国际经济法学刊》2006年第4期。

常常读相关专业的文章。应当避免科研上的“重复建设”，充分利用已有研究成果，在研究和写作之前大量收集和阅读相关文献，了解在相关领域的研究现状。三是了解实践，避免在一些缺乏实践价值的问题上浪费资源。这就要求研究者要加强与实务部门的联系，通过调研等方式接触实践。

需要提升学科的整体品位，避免“蹭热点”，为了完成科研任务，而在科研上产出“短平快”作品。把握好问题的导向性，确保价值与目标的一致，坚守真正意义上“问题”研究。减少研究问题上的“重复建设”，鼓励多元化、不同视角、有辨识度的个性化研究，避免重复雷同的八股写作范示。所有学科都应当具有各自本来的价值目标，无论是问题导向还是观点追求，都始终坚持立足价值目的，坚持避免偏离国际经济法研究的目的而制造“学术泡沫”。

### （二）丰富研究路径，关注双层博弈

提升中国在国际上的话语权，离不开交流谈判中的双层博弈理论，该理论认为外交谈判可分为国际和国内两个层面，要求决策者同等认真对待这两个层面，否则协议就得不到外国的接受或国内的批准。在双层博弈理论下，国际层面是谈判者在讨价还价后达成暂时协议的过程，在这一过程中，政府力求自己利益的最大化。国内层面则是国内各个利益集团不断向政府施压以谋求自身利益，最终政府通过平衡各利益集团的利益达到平衡的过程。其核心是“获胜集合”，即两个层面的交集，交集越大，对于政府和国家利益越有利。我国一些国际经济法研究学者倾向于把国家看成一种内部结构一致的统一单位，研究内容聚焦于国际经济条约对国内的影响，将国际经济条约视为一种外加于国家的制度

框架，很少分析国内的各种要素对国际经济法的影响。许多研究者视国际经济关系中的国家为实心球模式，而忽略对诸如政府、议会、民众、非政府组织等各种国内主体对国际经济法所产生的不同影响的详细分析。[1]于是，一些学者在表述国外对国际事务的态度或对华的意见时，习惯将官员个人、议员个人的立场与政府等混为一谈，以致做出误判。例如，人民币汇率问题一直是国际经济法领域关注的焦点。汇率的变动影响着我国的进出口贸易，甚至对我国宏观经济起着至关重要的影响。国际经济法的相关研究需要采取双层博弈理论，从国家和国际两个层面对人民币汇率涉及的国际经济法理论进行分析，而不能有偏废。

### （三）采取多种研究方法，避免过度依赖“法条注释”法

目前，在国际经济法研究方法论上最大的不足是过度使用以“法条注释”为中心的分析方法，缺乏对多种方法的灵活运用。“法条注释”法是一种长期以来行之有效的传统法学研究方法。“法条注释”法起初只是通过用一些比较熟悉的概念对那些难以理解的词句加以说明的简短解释，但很快就扩大到对编纂在法典正文中的某些段落和法律原则的解释。“法条注释”逐步变得更加复杂，发展成为一种对正文的充分解释。[2] 国际经济法的研究并不排斥“法条注释”法，但如果研究方法单一化，缺乏和其他学科的交叉综合，特别是缺乏与国际经济法学紧密相关的国际政治经济学、国际关系学、政治学、社会学、哲学等的有机结合，其后果是不容乐观的。具体讲，这种跨学科的途径主要有：

---

〔1〕 刘志云：《方法论上的中国国际经济法研究：问题与前景》，载《华东政法大学学报》2013年第1期。

〔2〕 孙国华主编：《中华法学大辞典·法理学卷》，中国检察出版社1997年版，第136页。

首先，从哲学、社会学、经济学、历史学等人文社会学科中汲取营养，为国际经济法的研究提供更深厚的研究维度和底蕴。权利结构分析、社会调查实证、成本—效益分析、博弈论等，均是人文社会科学各个一级学科中具有共通性、融贯性的研究方法。其次，从国际关系理论中寻找对国际经济法有益的方法，国际关系与国际经济法的结合是另一条跨学科的研究路径。诸如普惠制的研究就涉及国际关系中的南北关系，国际金融法体系的研究就会涉及二战后形成的以美元为中心的国际金融体系。最后，从其他法律部门的研究中汲取营养，例如，WTO 法律制度中的司法审查就涉及国际经济法与行政法的交叉等。

## 结　论

总之，当前全球治理面临的新问题和新挑战层出不穷。数字贸易、网络安全、人工智能、亚轨道商业飞行、新疆域、气候变化，非传统问题更加突出。新兴领域的机制和规则远远赶不上全球治理的需求。通过完善国际机制和强化国际规则来强化全球治理，日益成为多数国家的共识。强化国际规则需要国际经济法研究、人才培养等的支持。由于在庞大的广义国际经济法研究框架下，学习和研究者很难进行理论上的整合与协调，这导致研究者们形成藩镇割据、支强干弱的局面，出现有“热点”没“视角”，有“立场”没“个性”，有“经济”没“法律”的问题。对此，在国际经济法的研究方法上，避免“重复建设”，提升“创新”能力，避免过度依赖“法条注释”法，采取多种研究方法是可选择的解决之道。除了“法条注释”法，西方在国际经济法的研究方法上采用的方法包括教义学分析、法理学视角、社会法律研究、实证研究方法、比较法分析法等。中国国际经济法界在教学和研究上常用的方法包括历史研究法、实证研究法和比较研究法。国际经济法交叉性也要求其需要科学的运用多种研究方法，避免过度依赖一种方法导致的研究缺失问题。

# 2018年法学教育研究综述

◎柯勇敏*

## 引　言

2018年正值我国改革开放40周年。在过去的40年里，我国法学教育经历了较为曲折的发展历程，其中包含数次重大改革。如何梳理过去40年法学教育的历史，总结其中的成功经验，并在此基础上探讨未来的发展方向，继往开来，无疑是2018年关于法学教育研究的一个重要主题。与此同时，2017年5月3日习近平总书记在考察中国政法大学时作出的重要讲话与中国共产党第十九次全国代表大会为我国法学教育以及法治人才培养提供了发展方向与根本遵循，在学界也引发了一股法学教育研究的热潮，这股热潮一直延续到2018年。总体

* 柯勇敏，中国政法大学法学教育研究与评估中心讲师。

而言，2018年法学教育研究方面的成果较为丰富：著作方面约有6部出版；论文方面，中国知网收录的篇名包含“法学教育”“法律教育”“法治人才培养”或“法治教育”的论文共计409篇。此外，未收录于中国知网的刊物也发表了不少关于法学教育的文章，合计280余篇。[1] 从研究主题与研究内容来看，前述成果可以大致区分为以下几类：其一，结合习近平总书记关于法学教育的重要思想以及党中央关于法学教育的顶层部署展开法学教育的形势政策与改革发展方向研究；其二，对法律教育基础理论的研究，具体包括法学教育的理念、高等法学教育教学模式、法治人才培养、法学教学方法等；其三，从比较法与历史两个维度对法学教育展开横纵比较研究。本文旨在对前述2018年法学教育研究的成果展开综述，以期为法学教育的进一步研究提供研究基础，促进知识的增量。需要说明的是，由于篇幅限制，本文无法涵盖前述所有研究成果，因此，本文仅以具有代表性的研究成果作为综述对象。

## 一、关于法学教育的形势政策与改革发展方向的研究

对于法学教育研究而言，国家的顶层设计无疑具有重大影响。特别是2017年5月3日习近平总书记视察中国政法大学时的重要讲话以及中国共产党第十九次全国代表大会中的指示与精神，为我国法学教育的研究与发展指明了前进方向。因此，2018年法学教育研究的一个核心主题就是关于法学教育的形势政策与改革发展方向的研究。其中值得一提的是，《中国法学教育年刊》

[1] 统计范围包括《中国法学教育研究》《法学教育评论》《法学教育研究》《中国法学教育年刊》等。

2017年第5卷设置专题“新时代习近平法学教育思想”，对从不同角度对习近平总书记关于法学教育的思想展开研究。其中代水平教授对习近平总书记的法学教育观从理论内核、思想来源与指导意义等多个层次进行阐释。[1] 田宝会教授以习近平总书记新时代中国特色社会主义法治思想为理论基点，对法治人才培养问题展开讨论。[2] 黄锡生教授结合习近平总书记的法治思想与法学教育思想，对法治教育的含义、意义、存在的问题、完善方向等问题展开讨论。[3] 张生教授结合习近平总书记新时代中国特色社会主义法治思想探讨构建道器一体的中国法律史学的路径。[4] 杜承铭教授与戴激涛教授结合习近平总书记的法治思想与法学教育思想讨论了我国行业法治人才的培养路径问题。[5]

关于全面依法治国背景下的法学教育研究，张文显教授深刻地分析了法学教育的改革发展问题，认为法学教育须在以人民为中心的新发展思想的指引下，将其转化为法治发展的新理念：第一，把依法治国从国家治理层面或治国理政层面的基本方式，提升为坚持和发展中国特色社会主义的基本方略，更加凸显法治在

---

〔1〕 参见代水平：《习近平法学教育观：理论内核、思想来源与指导意义》，载张文显主编：《中国法学教育年刊》（2017·第5卷），法律出版社2018年版，第3~11页。

〔2〕 参见田宝会：《习近平新时代中国特色社会主义法治思想与法治人才培养》，载张文显主编：《中国法学教育年刊》（2017·第5卷），法律出版社2018年版，第12~21页。

〔3〕 参见黄锡生、陈先根：《论法育在依法治国实践中的重要意义及制度完善》，载张文显主编：《中国法学教育年刊》（2017·第5卷），法律出版社2018年版，第22~31页。

〔4〕 参见张生.《学习新时代中国特色社会主义思想构建道器一体的中国法律史学》，载张文显主编：《中国法学教育年刊》（2017·第5卷），法律出版社2018年版，第32~38页。

〔5〕 杜承铭、戴激涛：《全面依法治国与行业法治人才的培养——基于对597份法律工作者调查问卷的分析》，载张文显主编：《中国法学教育年刊》（2017·第5卷），法律出版社2018年版，第39~55页。

社会主义现代化建设、法治在实现中华民族伟大复兴梦中的地位和作用；第二，把建设法治国家提升到建设法治中国；第三，把建设中国特色社会主义法律体系提升到建设中国特色社会主义法治体系；第四，把法治建设从国内延伸到国际，统筹推进国内法治和国际法治，实现国内法治和国际法治的互动，推进全球治理体系、治理规则的变革；第五，从法律之治到良法善治。[1] 胡明教授结合习近平总书记关于法学教育重要思想对如何培养德法兼修的高素质法治人才展开讨论，指出要深化思想政治理论课改革，为法治人才培养立德铸魂；要加强法律职业伦理和社会公益教育，为法治人才培养定向领航；要整合优质实践教学资源，为法治人才培养消除壁垒；要加强思想政治工作，为法治人才培养夯实根基。[2] 黄进教授也就如何培养德法兼修的高素质法治人才问题展开讨论，认为法治人才培养离不开法治理论的引领，法学学科体系、学术体系、话语体系、教材体系建设对法治人才培养至关重要，同时需要强化法律实践教学，强化法学教师队伍建设，强化德法兼修、明法笃行。[3] 周叶中教授在阐释新时代中国法学教育特点的基础上指出，新时代中国法学教育的价值取向问题需要结合法学教育的根本任务加以回答。新时代中国法学教育的价值取向包括：实现“四个伟大”的历史使命，推进国家治理体系和治理能力现代化，坚持以人民为中心，推动构建人类命运共同体。结合新时代中国法学教育的价值取向，新时代中国法

---

〔1〕 参见张文显：《中国法学教育的改革发展问题》，载《北京航空航天大学学报（社会科学版）》2018年第2期。

〔2〕 参见胡明：《创新法学教育模式 培养德法兼修的高素质法治人才》，载《中国高等教育》2018年第9期。

〔3〕 参见黄进：《培养德法兼修的高素质法治人才 引领中国法学教育进入新时代》，载《中国高等教育》2018年第9期。

学教育应当培养具有高度的政治认同、良好的职业伦理、卓越的法治能力、优秀的战略视野的法治工作者。[1] 刘从德教授与陈永峰教授则指出："在全面依法治国的伟大事业中，法治人才培养承载着重大使命。深化法学教育实践不是目的，而是达成全面推进依法治国目的的手段。法学教育要教育学生立大志，做大事，明确'立德树人，德法兼修'的教育指导原则，坚持以德树心，以法塑身，厚植法治人才的伦理根基，培养德才兼备的法治人才队伍，打造服务于中国特色社会主义法治建设的法学教育体系，体现中国特色、中国风格、中国精神等中国元素，为中华民族伟大复兴奠定坚实的理论基础和人才基础，为建设美好法治中国输送源源不断的法治智慧和法治力量。"[2] 董静姝博士对法学教育中的"立德树人"进行了深入的阐释，在此基础上强调我国高校法学教育中道德教育的重要性。[3]

关于法学教育的改革发展方向，黄进教授结合创新、绿色、协调、开放、共享发展理念等背景，指出了法学教育未来的五个发展方向：人本化、现代化、信息化、国际化与实践化。[4] 王新清教授则认为，我国当前法学教育存在的问题基本上都源于法学教育的同质化与法治人才需求多样性之间的矛盾。克服这个矛盾的基本路径是对我国的法学教育进行多元化改造，实现"法学教育产品"——法科毕业生的多元化，以满足社会对法治人才的

---

〔1〕 参见周叶中：《新时代中国法学教育的问题与使命》，载《人民法治》2018年第16期。

〔2〕 刘从德、陈永峰：《保障善治：深化依法治国实践背景下的法学教育创新》，载《黑龙江高教研究》2018年第3期。

〔3〕 参见董静姝：《论当代中国高校法学教育中的立德树人》，载黄进主编：《中国法学教育研究》(2018年第1辑)，中国政法大学出版社2018年版，第31~41页。

〔4〕 参见黄进：《新发展理念背景下中国法学教育的发展方向》，载《北京航空航天大学学报（社会科学版）》2018年第2期。

多样性需求。[1]胡玉鸿教授对法学教育的“内涵式发展”的含义进行了深入阐述。[2] 冯果教授在肯定法学教育内涵式发展道路的基础上认为：“新时代法治人才培养应从单纯的法律人才培养转向法治人才培养，而法治人才不能仅仅满足于对法律知识的了解和掌握，更需要强化法治理念和法律运行体系，这是一个系统的建设工程。”[3] 周佑勇教授也在肯定法学教育内涵式发展道路的基础上提出三点建议：其一，坚持以新发展理念为引领，不断更新法学教育改革的发展理念；其二，加强国家层面的顶层设计，着力破解深层次的体制机制障碍；其三，实现法学教育的内涵式发展，重在各办学单位的积极探索与实践创新。[4] 申卫星教授则强调法学教育应增强社会回应和思想创造能力，认为“内涵式的实质性突破应当取决于两点：一是法学教育和法学研究应该有很强回应社会发展的能力；二是法学教育和法学研究应该产生原创性思想。”[5] 张守文教授指出我国法学教育创新发展应遵循以下几个原则：守正创新、适度创新与有效创新。[6] 方桂荣教授从人类命运共同体的角度来探讨中国法学教育国际化问题，指出当前政策支持不平衡、理念定位不准确、资源整合不充分等

---

〔1〕 参见王新清：《论法学教育“内涵式发展”的必由之路——解决我国当前法学教育的主要矛盾》，载《中国青年社会科学》2018 年第 1 期。

〔2〕 参见胡玉鸿：《法学教育内涵式发展的问题与理解》，载《北京航空航天大学学报（社会科学版）》2018 年第 2 期。

〔3〕 冯果：《法学教育创新应走内涵式发展的道路》，载《北京航空航天大学学报（社会科学版）》2018 年第 2 期。

〔4〕 参见周佑勇：《高等法学教育如何实现内涵式发展》，载《北京航空航天大学学报（社会科学版）》2018 年第 2 期。

〔5〕 参见申卫星：《法学教育应增强社会回应和思想创造能力》，载《北京航空航天大学学报（社会科学版）》2018 年第 2 期。

〔6〕 参见张守文：《中国法学教育创新发展应遵循的原则》，载《北京航空航天大学学报（社会科学版）》2018 年第 2 期。

问题严重阻碍了中国法学教育国际化的顺利转型，应全面推行统筹布局与特色发展、理念确立与多元推进、协同创新与机制优化等策略。[1] 刘猛研究员在梳理我国法学现代转型历程的基础上指出，当下我国的法学发展必须重新吸收各国不同的经验，结合我国的实际，实现在地发展，建立独立于西方各国的汉语法学。[2] 此外，也有不少学者在本校法学教育经验的基础上对法学教育的理念与未来的发展方向展开讨论。[3]

关于“互联网+”、人工智能等技术发展对法学教育的影响，2018年10月21日，《中国高等教育》、西南政法大学共同主办“首届人工智能法学教育论坛”，全面讨论了人工智能等社会背景对法学教育带来的冲击与挑战。[4] 冯果教授全面分析了大数据时代背景下法学教育所面临的挑战，并明确指出需要对法学教育进行全面革新，包括教学内容的全景式选择、教学方法的多样化

〔1〕 参见方桂荣:《中国法学教育国际化转型的困境与前景》，载《广西民族大学学报（哲学社会科学版）》2018年第2期。

〔2〕 参见刘猛:《中国现代法学转型的路径选择》，载王瀚主编:《法学教育研究》（第20卷），法律出版社2018年版，第203~230页。

〔3〕 参见周佑勇:《双一流背景下理工大学发展法学教育的学科需求及思路》，载《人民法治》2018年第16期；龙卫球:《北航法学教育发展战略与展望》，载《人民法治》2018年第16期；尹飞:《财经类高校法学教育创新若干思考》，载《人民法治》2018年第16期；石静霞:《涉外型法学教育的特殊定位和新机遇》，载《北京航空航天大学学报（社会科学版）》2018年第2期；赵旭光、王学棉:《行业背景下的工科大学法学教育与学科发展探索——以华北电力大学法学教育发展为例》，载《人民法治》2018年第16期；黄莉、王启坤:《发挥“四位一体”优势 彰显“融医明法”特色——西南医科大学医事法学教育发展纪实》，载《人民法治》2018年第16期；王德强、柳倩茹:《强化“三农”法学研究 培养懂农、爱农法律人才——华中农业大学法学教育发展纪实》，载《人民法治》2018年第16期；张建、骆福林:《功能视角下的卓越法律人才协同培养分析——以常州大学史良法学院模式为例》，载黄进主编:《中国法学教育研究》（2018年第4辑），中国政法大学出版社2019年版，第75~87页。

〔4〕 参见冯子轩、孙莹:《勇立人工智能时代潮头 共谋法学教育创新之路——首届人工智能法学教育论坛综述》，载《中国高等教育》2018年第21期。

运用、教学评价的精细化管理、教学组织的个性化延拓等。[1]对人工智能给法学教育带来的挑战，张建文教授提出三点应对建议："第一，要认真评估人工智能技术的发展对法学教育和法学研究的影响。我个人认为，法学教育不会也不可能会被人工智能技术取代，因为教育是塑造培养人的过程，不仅仅是知识的传递，还要形成价值的判断，并学会用正确的价值标准进行价值判断，人工智能可以使用相关性进行关联和模拟，但是却取代不了人的判断。第二，在中国高等法学教育新的环境情况下，在培养专业领域的专业人才、职业人才以及培养知识的过程中，有必要重申法学教育的自由教育、人文教育的本性，不能过度强调甚至强化法学教育的职业教育的一面，更不能把法学教育办成职业技术教育。我们在强调专业知识的培养和学习过程的同时，也要考虑如何培养人本身在智力、情感、意志方面的能力。存在有用与无用之辨，所谓现在有用的东西恐怕很快就没用了，而反之则亦然。法学教育的一个立足点就是要谋划长远，对学生要做更长的考虑，是一辈子，而不是三年、四年的考虑，培养完了，送出生产线就了事了。"[2]李栗燕教授分析了网络时代背景对法治人才培养带来的挑战，指出网络时代对我国的法治人才培养提出了诸多新要求，并在此基础上提出了法治人才培养的完善路径。[3]朱继萍教授也指出信息技术及其应用能为法学教育注入活力，我国的法学教育应该拥抱信息技术，并在人才培养模式，教学模式

---

〔1〕 参见冯果：《大数据时代的法学教育及其变革》，载王瀚主编：《法学教育研究》（第21卷），法律出版社2018年版，第3~13页。

〔2〕 张建文：《人工智能技术的发展对法学教育的影响与应对》，载《北京航空航天大学学报（社会科学版）》2018年第2期。

〔3〕 参见李栗燕：《网络时代法治人才培养的革新向度》，载王瀚主编：《法学教育研究》（第21卷），法律出版社2018年版，第14~28页。

和方法等广泛领域进行改革。[1]

关于法治教育方面，黄锡生教授阐释了法治教育的基本内涵并揭示了其对于依法治国的重要意义。在此基础上，黄锡生教授指出了目前我国法治教育实践中存在的问题并给出了若干完善举措，如构建全覆盖的法治教育体系、加强法治教育师资培训、完善法治教育内容、健全法治教育手段等。[2] 叶飞教授则对法治教育隐性课程的建构展开讨论，认为“法治教育的隐性课程可以通过与法治生活的有机联结，以间接的、内隐的方式来传递法治观念以及法治精神，促进青少年学生法治素养的全面成长”，在此基础上提出了法治教育隐性课程的建构路径和具体方案。[3]

## 二、关于法学教育基础理论的研究

在2018年法学教育的相关成果中，有相当一部分关注法学教育的基础理论，主题涵盖法学教育的理念、高等法学教育教学模式、法治人才培养模式与培养路径、法学教学方法等。法学教育实践活动的展开、法治人才的培养，都离不开理论层面的支撑。就此而言，关于法学教育的基础理论研究是不可或缺的。

在法学教育的理念、培养目标、培养模式方面，王利明教授指出，在法学教育过程中应“在课堂上引入辩论、培养学生的辩论能力”，将其作为一种重要的教学方法，进而培养并提升学生

---

〔1〕 参见朱继萍：《“互联网+”时代法学教育改革的踌躇与抉择》，载王瀚主编：《法学教育研究》（第20卷），法律出版社2018年版，第303~315页。

〔2〕 参见黄锡生：《法治教育在依法治国实践中的意义及制度完善》，载《人民法治》2018年第16期。

〔3〕 参见叶飞：《论法治教育隐性课程的建构》，载《中国教育学刊》2018年第3期。

的表达能力、专业能力、应变能力与逻辑思维能力。[1] 莫纪宏教授指出法学教育中逻辑训练的重要性，认为“必须要从更加宏观的视野来培养法学教育中受教育者的逻辑知识和逻辑能力，特别是要养成以解决问题为核心的逻辑思路”。[2] 韩大元教授强调法学教育中的人文精神，认为法学教育旨在于培养具有国际性与人文情怀的法学人才。[3] 杨立新教授则指出了我国法学教育中法科学生存在阅读不足和写作能力不强这两个短板。在此基础上，杨立新教授认为法学教育必须真正从社会实际需要出发，从现实生活的要求出发来设置法学教育的课程体系，适当增加实践性课程的比例，以培养理论型、实务型的法学人才为目标。[4] 冯果教授则从公共精神角度讨论新时代的法学教育，指出忽略公共精神培育，尤其是法律精神的锻造，已经成为法学教育的重大隐忧，在此基础上，必须改变单纯技术主义的改革路线，以打造健全的法律人格为内核，将法律人公共精神的培育贯穿于法治人才培养的全过程。[5] 王轶教授就法学教育中的师生关系展开研究与反思，认为一方面，应当推动学生彼此之间的自我教育，给他（她）们提供更好的平台与更大的发展空间；另一方面，一个好的老师要有自己梳理知识的框架。[6] 许身健教授认为需要借

---

〔1〕 参见王利明：《法学教育中辩论能力的培养》，载《人民法治》2018 年第 16 期。

〔2〕 莫纪宏：《法学教育贵在严格的逻辑训练》，载《人民法治》2018 年第 16 期。

〔3〕 参见韩大元：《法学教育的人文精神》，知识产权出版社 2018 年版。

〔4〕 参见杨立新：《阅读和写作是我国法学教育的两个短板》，载《人民法治》2018 年第 16 期。

〔5〕 参见冯果：《论新时代法学教育的公共精神向度》，载《中国大学教学》2018 年第 10 期。

〔6〕 参见王轶：《法学教育中的学生与老师》，载《北京航空航天大学学报（社会科学版）》2018 年第 2 期。

鉴美国法学院的认证制度来破解我们当下的法学教育的困境。[1]宁清同教授对我国法学教育培养目标问题展开讨论，指出了其在历史发展进程中所存在的问题，在此基础上指出："法学教育应当以培养哲学人文社会科学素养宽厚、法律素养优良、具备基础职业能力、熟悉传统文化和基本国情的法律人和管理人为主要目标。"[2]姜朋教授指出在法学教育中需要警惕两种目前广泛存在的思维倾向——"唯洋"与"唯书"，这两种思维倾向会导向法律"殖民地化"、思维僵化与远离现实等多重弊端。[3]季金华教授与李海峰教授比较了法学教育的两种模式——理性化模式与经验化模式，分析了其各自的历史渊源与形成逻辑，揭示了二者的区别，在此基础上认为整合二者的整合化法学教育模式是我国法学教育模式的应然选择。[4]

在高等法学教育教学模式与法治人才培养研究方面，李树忠教授介绍了法学类专业教学质量国家标准的基本情况，对该标准的基本定位、基本内容进行了解读，在此基础上分析了法学类专业教学质量国家标准制定过程中的争议问题，对法学类专业国家标准的重大意义进行了解读。[5]杨春福教授就新时代复合型法治人才及其培养路径问题展开研究并指出："不同于法律内的复

---

〔1〕 参见许身健：《完善法学教育：路径与方法》，载《中国法律评论》2017年第3期。

〔2〕 宁清同：《我国法学教育培养目标的偏失与矫正探析》，载黄进主编：《中国法学教育研究》（2018年第3辑），中国政法大学出版社2018年版。

〔3〕 参见姜朋：《法学教育中的"二唯"现象反思》，载《中国法律评论》2018年第3期。

〔4〕 参见季金华、李海峰：《法学教育的理性化模式与经验化模式之比较》，载王瀚主编：《法学教育研究》（第22卷），法律出版社2018年版，第69~90页。

〔5〕 参见李树忠：《坚持改革调整创新立中国法学教育 德法兼修明法笃行塑世界法治文明》，载《中国大学教学》2018年第4期。

合型法治人才，新时代呼唤的复合型法治人才指的是以法律为主科的复合型人才，简称‘法律+×型’的复合型法治人才，这是一种简约的法律外的复合。为了培养复合型法治人才，需要处理好法学主科与复合科目、知识教学与实践教学、理论研究与法条学习、专业知识与职业伦理之间的关系，并在此基础上探寻其培养路径。”〔1〕 程雪阳教授由社会功能分化角度切入讨论法学本科教育改革与人才标准问题，指出：“为了有效发挥法学院的社会功能，法学本科教育的‘人才质量标准’应当设定为‘确保学生在掌握基本概念、原则和规则的基础上，拥有法律思维，具备像法律人一样思考和分析问题的能力。’培养学生的‘法律思维’是法学本科教育不可推卸的责任，但法律职业技能的培训应当由法官学院、检察官学院、行政学院以及律师学院来完成。法学院的本科教育培养目标和教学方法应当与国家统一法律职业资格考试相衔接，但法学院不应承担职业资格考试培训机构的功能。”〔2〕 刘坤轮教授对新时代下法治人才的培养问题展开了较为系统的研究。在法治人才培养的基本路径上，刘坤轮教授认为培养法治人才须抓紧“一个矛盾”，致力于“两个服务”，落实“三个贯彻”，明确“四个抓手”。〔3〕 在法治人才培养的质量保障问题上，刘坤轮教授认为：“随着中国宏观层面司法改革的系统推进，建立体系化的法学教育认证和评估制度，是当前我国法学教育提升

〔1〕 杨春福：《新时代复合型法治人才及其培养路径探究》，载《法制与社会发展》2018年第5期。

〔2〕 程雪阳：《社会功能分化视角下的法学本科教育改革与人才标准完善》，载《甘肃行政学院学报》2018年第5期。

〔3〕 参见刘坤轮：《新时代怎样培养法治人才》，载《人民法治》2018年第2期。

质量，建设中国特色世界一流法学教育的必由之路。”〔1〕刘艳红教授与李川教授对我国法学研究生的教育模式展开反思，认为应当借鉴发达国家的经验，采取司法共建型教育模式。〔2〕屈茂辉教授与李勤通博士将法学教育区分为不同层次，认为专科教育应当削减乃至取消，本科教育应在缩减规模的基础上注重法学知识教授的规范性与科学性，法律硕士要根据法学与非法学的差异有所侧重，法学硕士可以根据学生的选择进行分流，法学博士要提高创造新知识的能力。〔3〕郭天武教授与严林雅博士在考察域外法学一流学科评价的基础上对我国法学一流人才培养模式进行了反思，并就完善法学人才培养模式的具体路径给出了具体方案，包括避免法学院校定位同质化、培养新型复合型法学人才、全方位改进法学教育方式、鼓励国际化的交流与合作等。〔4〕邓世豹教授对立法人才的培养问题展开研究，指出培养立法人才的重要性与必要性，提出了培养立法人才的应然路径。〔5〕何珊君教授针对跨学科研究生教学模式问题展开研究，通过对慕课（MOOC）与翻转课堂理念的起源、发展的引介，设计出了一个跨学科研究

---

〔1〕 刘坤轮：《以认证与评估制度体系引领中国法学教育改革》，载《人民法治》2018年第16期。

〔2〕 参见刘艳红、李川：《司法共建型法学研究生创新教育模式研究》，载黄进主编：《中国法学教育研究》（2018年第1辑），中国政法大学出版社2018年版，第42~56页。

〔3〕 参见屈茂辉、李勤通：《法学教育的知识属性及共建构意义》，载黄进主编：《中国法学教育研究》（2018年第4辑），中国政法大学出版社2019年版。

〔4〕 参见郭天武、严林雅：《法学一流学科建设及其人才培养模式探析》，载《高教探索》2018年第12期。

〔5〕 参见邓世豹：《论立法人才的培养》，载张文显主编：《中国法学教育年刊》（2017·第5卷），法律出版社2018年版，第151~163页。

生的教学模式，并对此进行全面阐释。[1] 杨会教授与魏建新教授结合国家统一法律职业资格考试的背景对法学本科教育模式展开研究，认为法学本科教育应当进行改革：在指导思想上，统一法律职业资格考试不能成为法学本科教育的指挥棒；在教学内容上，应合理设置法学课程；在教学方式上，应突出法律思维能力的培养；在教学评价上，应注重考试方式与内容创新。[2] 袁钢教授对法学教育与法律职业资格考试衔接路径问题展开研究，指出我国法学教育与法职考试衔接存在学术型硕士和专业性硕士培养模式趋同、法学类研究生招生考试效度偏低等问题，并在此基础上就报考条件、成绩认定、招生改革、培养过程等方面提出相关建议。[3] 雷秋玉教授对本科法学教育模式展开反思，认为我国法学教育"摇摆在现实主义与科学主义之间"，"在法学教育模式的选择上，应取新科学主义教育模式，重点采用基于德国模式的案例练习课教学法，扬弃美国模式的案例教学法，基础知识与智能训练并重，形成大学法学院与实务部门在技能训练方面的合理分工。在保持大学教育独立自治的前提下，重塑大学法学院在法学教育中的地位"。[4] 陈云良教授针对法治人才法律职业伦理培养方案问题展开讨论，认为"法律职业伦理教育应当成为新时代中国特色社会主义法学学科体系和教学体系建设的主要内

---

〔1〕 参见何珊君：《基于MOOC与翻转课堂理念的跨学科研究生教学模式探索——以"中国社会与法治"课程为示例》，载黄进主编：《中国法学教育研究》(2018年第3辑)，中国政法大学出版社2018年版，第87~100页。

〔2〕 参见杨会、魏建新：《国家统一法律职业资格考试背景下法学本科教育改革研究》，载《社会科学家》2018年第2期。

〔3〕 参见袁钢：《法学教育与法律职业资格考试衔接路径研究》，载《中国高教研究》2018年第10期。

〔4〕 雷秋玉：《本科法学教育模式的反思与择定——在现实主义与科学主义之间》，载《江汉学术》2018年第2期。

容。法学院校应当根据新时代中国特色社会主义法治建设的要求，修订培养方案，增加法律职业伦理教育的内容。开设专门的法律职业伦理必修课程，将法律职业伦理的培养贯穿于法科生培养的整个过程，实现法律职业伦理培养与法学专业教育的协调发展”。[1] 丁国峰教授在反思我国法学教育培养模式的基础上认为，我国法学教育应采取“一体两翼”的教育模式，即“以法律职业教育为导向，培养实践型与复合型人才为目标的教育模式”。[2] 陈伟教授与宋曦研究员对法学研究生的双导师制度展开研究，指出其优越性与现实价值，并给出了改进与完善的建议。[3] 张法连教授对新时代背景下涉外法律人才的培养机制问题展开研究，提出了总体思路，从人才培养目标、课程建设、师资队伍建设、涉外人才评价机制等四个方面分别阐释了具体路径。[4] 值得一提的是，关于法学博士研究生教育问题，《法学教育研究》第20卷设置了论坛专题，刊发了多篇论文就法学博士

---

〔1〕 参见陈云良：《新时代高素质法治人才法律职业伦理培养方案研究》，载《法制与社会发展》2018年第4期。

〔2〕 参见丁国峰：《论我国法学教育“一体两翼”培养模式的构建与完善》，载《河北法学》2018年第8期。

〔3〕 参见陈伟、宋曦：《法学研究生双导师制度的衔接互动机制探究》，载黄进主编：《中国法学教育研究》（2018年第4辑），中国政法大学出版社2019年版，第26~42页。

〔4〕 参见张法连：《新时代背景下涉外法律人才培养机制新探》，载黄进主编：《中国法学教育研究》（2018年第1辑），中国政法大学出版社2018年版，第57~67页。

研究生教育中的诸多问题展开讨论。[1]

在法学学科体系建设与改革方面,《中国法学教育年刊》2017年第5卷设置了相应的专题。其中崔艺红教授从专业设置、课程体系、师资队伍、教材体系、科学研究等角度对法学学科体系的基本要素进行了具体分析。[2] 马慧娟教授与张睿教授从法学方法教学的现状出发，对法学方法论在法学学科体系建设中的功能与地位进行了深入分析，探讨了法学方法融入法学学科体系的具体路径。[3] 刘向林教授与刘俊宜教授分析了当前法律硕士专业面临的挑战与机遇，在此基础上对法律硕士专业进行SWOT模型分析，主张用品牌建设的思路去塑造法律硕士专业的特色。[4] 何丽新教授从海商法这一学科出发，分析了海商法自体性的根源、误区、异化等问题，在此基础上提出了海商法学科在民商法体系下的进化路径。[5] 唐双娥教授与雷秋玲分别分析了环境法

---

〔1〕 参见王洪亮:《德国法学博士教育及其对我国的启示》，载王瀚主编:《法学教育研究》(第20卷)，法律出版社2018年版，第37~48页；杨宗辉、张丽霞:《法学博士研习之法》，载王瀚主编:《法学教育研究》(第20卷)，法律出版社2018年版，第49~56页；陆根书、王玺:《基于知识图谱的研究生教育质量及评价研究可视化分析》，载王瀚主编:《法学教育研究》(第20卷)，法律出版社2018年版，第57~78页；赖绍聪:《学高为师 身正为范——研究生导师的责任与义务》，载王瀚主编:《法学教育研究》(第20卷)，法律出版社2018年版，第79~86页；李燕:《西南政法大学“1357”研究生教育综合改革与实践》，载王瀚主编:《法学教育研究》(第20卷)，法律出版社2018年版，第87~100页。

〔2〕 参见崔艺红《法学学科体系基本要素探析》，载张文显主编:《中国法学教育年刊》(2017·第5卷)，法律出版社2018年版，第59~65页。

〔3〕 参见马慧娟、张睿:《法律(学)方法论在法学学科体系建设中的功能与地位——以法律(学)方法教学现状及改革进行分析》，载张文显主编:《中国法学教育年刊》(2017·第5卷)，法律出版社2018年版，第66~76页。

〔4〕 参见刘向林、刘俊宜:《法律硕士专业品牌建设的SWOT模型分析》，载张文显主编:《中国法学教育年刊》(2017·第5卷)，法律出版社2018年版，第77~84页。

〔5〕 参见何丽新:《海商法的自体性之反思》，载张文显主编:《中国法学教育年刊》(2017·第5卷)，法律出版社2018年版，第85~95页。

学科与环境法教育的地位，指出了环境法学科方面制约环境法教育的因素，在此基础上提出加快环境法教育的建议。[1] 徐汉明教授与王玉梅教授围绕网络社会治理法学科的建设问题展开讨论，指出了网络社会治理法学科建构的必要性与正当性，在此基础上提出了网络社会治理法学科的发展路径。[2] 翟中东教授与孙霞研究员针对监狱学专业改革问题展开讨论，提出了监狱学专业改革的具体可行方案。[3] 姬亚平教授对党内法规学的学科建设问题展开讨论，指出提升法学界对党内法规关注程度的必要性，认为应当将党内法规学作为法学的二级学科，加强其教学、科研与人才培养工作。[4]

在法学实践教学与教学方法的研究方面，《交大法学》2018年第3期刊发了一篇名为《座谈：判例研究、法治发展与法学教育》的文章，源于章剑生、朱芒、解亘、黄卉、孙维飞、陈越峰几位学者参与的座谈会，其中就判例研究与法学教育的关系展开了深入讨论。[5] 蔡立东教授与刘晓林教授对新时代法学实践教学的性质及其实现方式等问题展开讨论，指出："法学教育的目的是使受教育者养成法律头脑。只有在强化理论教学的基础上，重视法学实践教学并合理配置体验式的、问题导向的教学方法与

---

〔1〕 参见唐双娥、雷秋玲：《环境法学科与环境法教育的比翼发展》，载张文显主编：《中国法学教育年刊》（2017·第5卷），法律出版社2018年版，第96~103页。

〔2〕 徐汉明、王玉梅：《现代网络社会治理法学学科建设的思考》，载张文显主编：《中国法学教育年刊》（2017·第5卷），法律出版社2018年版，第104~123页。

〔3〕 参见翟中东、孙霞：《关于监狱学专业改革问题的思考》，载张文显主编：《中国法学教育年刊》（2017·第5卷），法律出版社2018年版，第124~135页。

〔4〕 参见姬亚平：《论党内法规学的学科建设》，载黄进主编：《中国法学教育研究》（2018年第2辑），中国政法大学出版社2018年版，第3~15页。

〔5〕 参见章剑生等：《座谈：判例研究、法治发展与法学教育》，载《交大法学》2018年第3期。

方式，才能全面实现法学教育的目的。法学实践教学的本质是课程的实践化。法学院作为法学实践教学的主导者与承担者，应当通过实践化的课程传授知识与方法，并在这一过程中培养法科学生对法律职业伦理的认同、对法律思维方式的皈依、对法律职业基本技能的掌握。"〔1〕朱晓喆教授主编了“德国民商法案例研习译丛”，旨在推广德式请求权基础的案例研习教学方法，并就该教学方法进行了较为全面的阐释与介绍，指出“民法案例研习课，应以请求权基础分析方法为中心”。〔2〕张凇纶教授从民法教学方法的角度对法教义学进行了反思，指出了作为教学方法的法教义学的弱点：一是过分强调法官视角；二是在虚拟案件分析之际容易遗漏重要信息；三是分析理由在涉及价值判断之际容易出现错误。在此基础上，张凇纶教授认为，鉴于我国本科生“中等教育”的不足，建议民法教学不宜过早使用教义学方法。〔3〕李训虎教授指出当前法学教育面临着“双重压力”，即面对法律职业资格考试内容的重大变革以及法律市场对于法律人才的重新定义，在此基础上，需要通过新兴科技实现案例教学的迭代升级来应对压力与挑战，具体举措包括运用人工智能、大数据编选案例，借助翻转课堂变革教学关系，案例教学虚拟化、线上化等。〔4〕潘溪教授就法学实践教学的现状展开反思，指出我国目前法学教育存在重理论轻实践、教学内容缺乏实践性、教学方式

〔1〕 蔡立东、刘晓林：《新时代法学实践教学的性质及其实现方式》，载《法制与社会发展》2018 年第 5 期。

〔2〕 参见朱晓喆：《请求权基础实例研习教学方法论》，载《法治研究》2018 年第 1 期。

〔3〕 参见张凇纶：《作为教学方法的法教义学：反思与扬弃——以案例教学和请求权基础理论为对象》，载《法学评论》2018 年第 6 期。

〔4〕 参见李训虎：《通过新兴科技实现案例教学的迭代升级》，载《法律适用（司法案例）》2018 年第 16 期。

单一等问题，在此基础上提出了法学实践教学的改革建议。[1]邓海峰教授针对环境法总论课程的教学模式进行研究与反思，指出了以往以教师为主导的教学模式所存在的问题，提出了按照选修课定位推进环境法总论改革的路径。[2] 吴洪淇教授结合过去3年的授课经验，对证据分析方法课程的教学方法展开反思，从外部条件、课程体系、授课材料和课外阅读材料等角度进行总结，并在此基础上指出新的社会背景下证据分析方法课程需要继续改进。[3]闫召华教授针对法律影视资料在刑事诉讼教学中的运用问题展开研究，指出目前其中存在的三重矛盾关系，认为应当构建影视片段库，以破解刑诉影视教学的传统困境。[4] 李晓辉教授从比较法教学现状出发，对比较法教学的必要性、教学内容、教学方法等问题展开讨论，并在此基础上强调比较法教学的重要性，认为“教学也是比较法得以生机焕发的重要环节”。[5] 鲁楠教授则关注非西方法文化在比较法教学中的地位和作用，分析了比较法教学中非西方法文化的缺位现象及其成因，在此基础上指出了全球化时代下非西方法律文化的地位，并就如何开展非西方

---

〔1〕 参见潘溪：《培养应用型人才：法学实践教学的现状与创新》，载黄进主编：《中国法学教育研究》（2018年第2辑），中国政法大学出版社2018年版，第32~43页。

〔2〕 参见邓海峰：《环境法总论课程中自主评价与互动教学模式的应用》，载黄进主编：《中国法学教育研究》（2018年第1辑），中国政法大学出版社2018年版，第94~105页。

〔3〕 参见吴洪淇：《证据分析方法课程的教学反思》，载黄进主编：《中国法学教育研究》（2018年第1辑），中国政法大学出版社2018年版，第106~121页。

〔4〕 参见闫召华：《法律影视资料在刑事诉讼教学中的碎片化运用研究》，载黄进主编：《中国法学教育研究》（2018年第4辑），中国政法大学出版社2019年版，第101~116页。

〔5〕 参见李晓辉：《法学院中的比较法教学现状与反思》，载高鸿钧主编：《中国比较法学：比较法学的教育与研究》（2017年卷），中国政法大学出版社2018年版，第3~15页。

法文化的教学研究给出了若干建议。[1]

## 三、关于法学教育的横纵比较研究

历史与比较法是法学教育研究不可回避的两个研究维度，2018年法学教育研究成果在这两个维度上都有重要的拓展，形成了较为丰富的研究成果。就历史维度，改革开放40年来的法学教育历史研究成为学界的重点关注主题；就比较法维度，诸多学者从不同角度对域外法学教育展开研究。历史与比较法两个维度研究为我国法学教育的发展提供了更为坚实的历史基础与比较法基础，有助于我国法学教育在兼采众长、兼容并蓄中稳步发展。

关于法学教育的历史维度研究，2018年的重点研究主题之一就是改革开放40年来的法学教育。2018年10月20日，中国法学会法学教育研究会和对外经济贸易大学法学院共同主办"改革开放四十年与中国法学教育：法学课程体系改革与完善"高峰论坛，全面回顾了过去40年的法学教育。[2]《中国法律评论》2018年第3期的对话栏目邀请了徐显明、黄进、潘剑锋、韩大元与申卫星五位权威学者就"改革开放四十年的中国法学教育"这一主题展开讨论。[3]《法学教育研究》第22卷也单独设置了"改革开放40年专题"。学理上，胡明教授梳理了我国法学教育40年来的发展历程，将其划分为恢复和重建期（1978—1992

---

〔1〕 参见鲁楠：《非西方法文化在比较法教学研究中的地位和作用》，载高鸿钧主编：《中国比较法学：比较法学的教育与研究》（2017年卷），中国政法大学出版社2018年版，第133~148页。

〔2〕 参见冯辉：《"改革开放四十年与中国法学教育：法学课程体系改革与完善"高峰论坛会议综述》，载《经贸法律评论》2018年第1期。

〔3〕 参见徐显明等：《改革开放四十年的中国法学教育》，载《中国法律评论》2018年第3期。

年)、迅速发展期（1992—2002 年)、全面提升期（2012 年至今）等多个阶段，在此基础上胡明教授全面总结了 40 年来我国法学教育的成就，并在此基础上展望了我国法学教育的未来。[1] 何志鹏教授梳理了改革开放 40 年来我国法学教育观念的演进历史，并将其总结为一个从义理传承到学以致用，再到慎思明辨的过程。具体而言，改革开放以后中国的法学教育最初注重的是概念、知识与规则内容的传授，继而注重将僵化的知识活化于法律职业的操作之中，此后，再于实践层面贯穿法治的精神与理念，使得法律职业变成一个符合社会发展方向的系统。[2] 李龙教授将新中国成立初期法学教育与改革开放 40 年法学教育联系起来研究，从中揭示法学教育的一般规律、社会主义法治建设的一般规律，进而对我国未来法学教育的发展做出展望。[3] 于立深教授梳理了改革开放 40 年来我国高等教育法治化的历史，并在此基础上总结了其中的成功经验。[4] 邱昭继教授从翻译法学与分析法学的维度切入，梳理了改革开放 40 年来法学翻译与分析法学的发展历史，分析其发展特点，并在此基础上指出了翻译法学与分析法学在我国的可能发展方向。[5] 于浩研究员则立足于法理学，以国内的法理学教材为主要研究素材，梳理了改革开放 40

---

〔1〕 参见胡明：《改革开放以来法学教育的成就与展望》，载《高等教育研究》2018 年第 24 期。

〔2〕 参见何志鹏：《论改革开放 40 年法学教育的观念演进》，载《中国大学教学》2018 年第 11 期。

〔3〕 参见李龙、刘青：《改革开放四十年中国法学教育的回顾与展望》，载《武汉科技大学学报（社会科学版）》2018 年第 6 期。

〔4〕 参见于立深：《改革开放 40 年我国高等教育法治化的基本经验》，载王瀚主编：《法学教育研究》(第 22 卷)，法律出版社 2018 年版，第 3~30 页。

〔5〕 参见邱昭继：《改革开放 40 年来法学翻译与分析法学在中国的发展》，载王瀚主编：《法学教育研究》(第 22 卷)，法律出版社 2018 年版，第 31~47 页。

年来我国不同时期的法理学发展情况，总结了中国法理学在改革开放以来取得的三项成就，并在此基础上对我国法理学的未来发展做出了展望。[1] 张惠彬教授与吴运时研究员梳理了改革开放以来我国知识产权本科教育的发展历史，指出了其中存在的问题，认为“未来中国知识产权本科教育要回归以法学为主，兼具管理学、经济学等基础知识的复合型人才定位”。[2]

除了改革开放40年来的法学教育以外，也不乏时间跨度更大的研究。其中具有代表性的是管晓立教授于2018年出版的专著《清末民国时期中国法学教育的近代化研究》。在该专著中，管晓立教授系统深入地梳理了清末民国时期我国法学教育的近代化历程，分析了我国法学教育近代化的移植路径及其背后的原因。[3] 汪强教授梳理了清末以及民国时期东吴大学法学院的罗马法教育，通过考察其开设原因、讲授内容等方面，揭示了其对当下法学教育改革的借鉴意义。[4] 在我国古代的法学教育研究方面，何勤华教授与袁也深入详实地考证了中华法系法律教育的缘起与传统，并勾勒了整体的历史发展脉络，为我国法学教育的研究提供了坚实的历史基础。[5] 姜朋教授对1953—1957年间东

---

〔1〕 参见于浩、黄颖：《改革开放40年来的中国法理学：回顾与展望——基于对国内法理学教材的分析》，载《法学教育研究》2018年第3期。

〔2〕 参见张惠彬、吴运时：《改革开放以来中国知识产权本科教育之嬗变》，载黄进主编：《中国法学教育研究》（2018年第3辑），中国政法大学出版社2018年版，第72~86页。

〔3〕 参见管晓立：《清末民国时期中国法学教育的近代化研究》，中国政法大学出版社2018年版。

〔4〕 汪强：《东吴大学法学院的罗马法教育》，载《苏州大学学报（法学版）》2018年第3期。

〔5〕 参见何勤华、袁也：《中华法系之法律教育考——以古代中国的律学教育与日本的明法科为中心》，载《法律科学》2018年第1期。

北人民大学法律系的民法教学与研究的历史进行了细致梳理。[1]

在法学教育的域外比较研究方面，《人民法治》2018年第18期特别策划了“全球法学教育新动向”专题，刊发了多篇论文对全球视角下的法学教育展开全面讨论，不仅触及全球法学教育发展的趋势，[2] 而且分析了德国、[3] 美国、[4] 意大利、[5] 法国[6]法学教育的现状、特点与发展动向，为我国法学教育研究的展开以及法学教育的改革发展提供了比较法基础。总体而言，2018年法学教育的域外比较研究成果呈现出覆盖面广、主题丰富、层次多样的特点。王健教授梳理了中俄在法学教育方面交流的历史，指出在法学教育进入新时代的背景下，要以理性、客观的态度来对待中俄过去在法学教育方面交流的历史。[7] 於海梅对俄罗斯高等法学教育改革的特点、背景、条件、进程、主要内容等问题展开分析，并在此基础上提出了其对我国法学教育改革

---

〔1〕 参见姜朋：《东北人民大学法律系的民法教学与研究（1953—1957）》，载黄进主编：《中国法学教育研究》（2018年第1辑），中国政法大学出版社2018年版，第71~84页。

〔2〕 参见陈惊天：《全球法学教育发展的趋势分析》，载《人民法治》2018年第18期。

〔3〕 参见张陈果：《德国法学教育的特色与新动向》，载《人民法治》2018年第18期；夏昊晗：《鉴定式案例研习：德国法学教育皇冠上的明珠》，载《人民法治》2018年第18期。

〔4〕 参见兰荣杰：《市场饶过谁？——美国法律教育史漫谈》，载《人民法治》2018年第18期。

〔5〕 参见李俊：《强调思辨的意大利法学教育及其新发展》，载《人民法治》2018年第18期。

〔6〕 参见滕腾：《“金字塔式”的法国公立大学法学教育》，载《人民法治》2018年第18期。

〔7〕 参见王健：《中俄法学教育交流回顾与展望》，载《中国大学教学》2018年第1期。

的启示。[1] 王海军研究员分析了俄罗斯的比较法学科的产生、发展、社会主义转型与现代发展，在此基础上梳理了俄罗斯法学教育的历史发展脉络。[2] 韩冰教授则对俄罗斯联邦法学专业国家教育标准进行了全面的引介。[3] 李立丰教授针对美国法学教育中苏格拉底教学法展开讨论，在分析其历史变迁的基础上认为："改良基础上的苏格拉底教学法仍将在可以预期的未来成为美国法学教育所采用的主流教学方法之 一，并可以为我国法学教学方法改革提供有益的借鉴。"[4] 江春华教授与胡赤弟教授就行业组织对美国法学教育的影响展开讨论，指出其影响的全过程性与全方位性，展示了美国行业组织与美国法学教育之间的互动关系。[5] 赖雪梅与肖平教授对美国高校本科生法治教育问题展开分析，对美国高校的法治教育的性质、内容、路径等方面内容进行阐述。[6] 张惠彬教授与沈浩蓝细致地分析了美国知识产权法学教育的发展状况，并指出美国法学院在知识产权人才培养计划、课程设置、教学方式、师资队伍的构成等方面可以为我国提

---

〔1〕 参见於海梅：《俄罗斯联邦高等法学教育的改革》，载张文显主编：《中国法学教育年刊》（2017·第5卷），法律出版社2018年版，第345~356页。

〔2〕 参见王海军：《俄罗斯比较法学的历史发展与法学教育》，载高鸿钧主编：《中国比较法学：比较法学的教育与研究》（2017年卷），中国政法大学出版社2018年版，第166~188页。

〔3〕 参见韩冰：《俄罗斯联邦法学专业国家教育标准概览》，载张文显主编：《中国法学教育年刊》（2017·第5卷），法律出版社2018年版，第357~364页。

〔4〕 李立丰：《美国法学教育中苏格拉底教学法的变迁与反思》，载《江汉学术》2018年第5期。

〔5〕 参见江春华、胡赤弟：《行业组织对美国法学教育的影响研究》，载《宁波大学学报（教育科学版）》2018年第6期。

〔6〕 参见赖雪梅、肖平：《美国高校本科生法治教育路径分析》，载《比较教育研究》2018年第8期。

供借鉴。〔1〕张冉在比较民国时期教会大学与现代LL. M教育的基础上，分析了美国法学教育输出的方式与特点，并在此基础上分析了其对我国法学教育所带来的影响。〔2〕戴一飞研究员以日本法科大学院全国统一适应性考试的停考事件为切入点，分析其原因，总结其教训，并在此基础上为我国法律硕士招生考试制度改革提出了建议。〔3〕袁利平教授与武星棋分析了英国法学教育的历史发展阶段、发展特点及其改革的主要内容，并在比较的基础上指出了其对我国法学教育改革的借鉴意义。〔4〕张朝霞教授以2015年修订的英国法律《学科基准声明》文本为分析对象，对该声明的地位、作用、文本内容、历史沿革、实施状况等问题展开全面分析与评论。〔5〕张鹏教授分析了加拿大诊所式法律教育与法律援助之间的衔接体制，阐明二者分工与协作的机理，并在此基础上指出了其对我国的借鉴意义。〔6〕张月霞详细地引介了韩国2009年正式导入的法学专门大学院制度，总结其中的经验与教训，在此基础上指出其对我国的参考意义。〔7〕李婧嵘博士梳

〔1〕参见张惠彬、沈浩蓝：《美国知识产权法学教育的发展状况研究》，载王瀚主编：《法学教育研究》（第22卷），法律出版社2018年版，第191~210页。

〔2〕张冉：《浅析美国法学教育输出的途径与影响——以民国时期教会大学与现代LL. M教育的比较为例》，载高鸿钧主编：《中国比较法学：比较法学的教育与研究》（2017年卷），中国政法大学出版社2018年版，第149~165页。

〔3〕参见戴一飞：《走入历史的日本法科大学院全国统一适应性考试》，载王瀚主编：《法学教育研究》（第21卷），法律出版社2018年版，第271~292页。

〔4〕参见袁利平、武星棋：《英国法学教育改革：一种历史与比较的视角》，载王瀚主编：《法学教育研究》（第21卷），法律出版社2018年版，第293~306页。

〔5〕张朝霞：《2015年英国法律〈学科基准声明〉述评及启示》，载张文显主编：《中国法学教育年刊》（2017·第5卷），法律出版社2018年版，第335~344页。

〔6〕参见张鹏：《加拿大诊所式法律教育与法律援助的衔接体制研究》，载王瀚主编：《法学教育研究》（第22卷），法律出版社2018年版，第211~228页。

〔7〕参见张月霞：《韩国法学专门大学院制度研究》，载王瀚主编：《法学教育研究》（第22卷），法律出版社2018年版，第229~245页。

理了德国法学教育改革的历史与内容，并在此基础上指出其对我国法学教育改革的借鉴意义。[1] 彭海青教授梳理了21世纪以来德国法学教育改革的历史背景与改革进程，并重点比较了中德两国的法学教育改革，对相关争议问题进行分析讨论，指出了相互之间的借鉴之处。[2] 朱明哲教授讨论了全球化背景下的法国法学教育问题，指出了法国法学教育在全球化背景下面临的危机与挑战，并在此基础上引介法国关于法学教育改革的讨论。[3] 敏振海在分析伊斯兰法学教育的起源、发展、课程设置、特点的基础上，对其在中国的实践情况展开讨论，并对经堂教育中伊斯兰法学教育提出了改进建议。[4]

## 四、结语

本文的综述尚不足以涵盖2018年我国法学教育研究的全部内容，还有很多优秀的文献未被挖掘和提及。本文抛砖引玉式的梳理旨在为我国法学教育的进一步研究提供初步的资料准备与文献线索。期待有更多的研究者为法学教育研究贡献力量，期待我国法学教育的研究水平不断提升。

---

〔1〕 参见李婧嵘：《德国法学教育改革发展的经验与借鉴》，载王瀚主编：《法学教育研究》（第22卷），法律出版社2018年版，第246~260页。

〔2〕 参见彭海青：《21世纪以来中德法学教育改革比较与相互启示》，载张文显主编：《中国法学教育年刊》（2017·第5卷），法律出版社2018年版，第365~393页。

〔3〕 参见朱明哲：《全球化背景下的法国法学教育——体系性追求及其面临的挑战》，载高鸿钧主编：《中国比较法学：比较法学的教育与研究》（2017年卷），中国政法大学出版社2018年版，第35~72页。

〔4〕 参见敏振海：《伊斯兰法学教育在中国的实践——以经堂教育为视角》，载高鸿钧主编：《中国比较法学：比较法学的教育与研究》（2017年卷），中国政法大学出版社2018年版，第73~85页。

# 课堂与教学

*Curriculum and Teaching*

# 教学相长：高校法学案例分析课的新授课模式探索*

◎王德政**

**摘　要：**当前我国高校更需要各个学科提升其科研水平，如何从法学案例分析课中挖掘其蕴含的能推动学术研究的价值，关键在于确定此课程的授课模式。在分析既定各种授课模式之利弊的前提下，可提出“开拓·启迪·商讨”授课模式并将之运用于法学案例分析课的教学实践，可通过该授课模式来培养学生的研究兴趣和能力，以及发现具备学术研究意义的新问题，最终推动法学学科在学术研究上取得符合新时代要求的更大

---

* 本文系2018年度教育部人文社会科学研究青年项目“刑法目的解释研究”（18YJC820057）的阶段性研究成果之一。

** 王德政，男，四川通江人，法学博士，成都大学法学院讲师，德国马克斯·普朗克外国与国际刑法研究所访问学者，研究方向：刑法学、法学教育。

进步。

**关键词：** 法学案例分析课　授课模式　开拓　启迪　商讨

## 一、问题的提出

当前，我国高校相比旧时代更加需要各个学科提升其科研水平。而在我国高校法学院的法学课程中，案例分析课的开设已成为普遍现象。[1] 在新时代的背景下，如何通过法学案例分析课的授课过程去获取其能推动学术研究的价值，并以此为契机提升法学科研水平，是极其具备探索意义的一个问题。首先可以肯定的是，获取这种价值与实现法学案例分析课的教学目的并不冲突，两者可以融为一体，只要将法学案例分析课的教学目的进行符合新时代需要的更新即可。

具体而言，借鉴传统教学目的并做出时代性更新，可将高校法学案例分析课的教学目的重新确定为一个新型综合体，其分为基础目的和提高目的两个层面：其一，基础目的。具体包括四点：①让学生形成将抽象的法条和理论涵摄于具体案件的能力，而非机械地背诵法条、记忆理论，从而避免“熟知理论、害怕案例”的局面。②让学生熟悉我国现行法律法规条文（法典及重要的司法解释和立法解释）和关于法学争议点的通说，[2] 如刑法因果关系判断中的“条件说”[3]。③让学生能够敏锐发现法条、

---

〔1〕 李晓瑜：《浅谈刑法案例教学的适用与发展》，载《法制博览》2016年第19期。

〔2〕 曾粤兴教授认为：“高等院校的本科刑法学教学应该侧重对刑法条文的理解与适用。”曾粤兴：《同台竞技式教学法——刑法案例教学模式改革》，载《昆明理工大学学报（社会科学版）》2008年第12期。然而，除了法条，理论上的争议问题也应纳入讨论范畴，因为不少法条上的问题归根结底是理论上的问题。

〔3〕 Frank Zieschang, *Strafrecht Allgemeiner Teil*, Berlin, Richard Boorberg Verlag, 2017, p. 29.

理论和社会生活中存在的问题并善于分析和解决问题，而非对既定问题难以察觉和缺乏分析、解决问题的欲望。[1] ④让学生形成以怀疑、反思、批判、重建为核心的独立思考精神，摆脱“既定理论一定对”或“拿来主义，不用独立提出解决方案”的依赖性思维。其二，提高目的。具体包括四点：①让学生了解国外的先进法学理论，以开阔视野。比如，德国刑法学中的“回溯禁止”[2] 是怎样一种理论，有必要让学生了解。②将案例分析中现行理论尚无解决方案或存在争议的问题，变为学术研究或论文写作的主题。③引导学生关注我国当前日新月异的现实社会生活中涌现出来的新问题并提出相应的解决方案，如“偷换商家支付二维码获取财物如何定性”[3] “自动驾驶汽车行驶时造成的犯罪及其认定”[4] 等时代性新问题。④让学生对案例分析课所依托的部门法产生兴趣，从而为发掘、培养未来的学术人才提供可能性。

高校法学案例分析课的上述教学目的已蕴含能推动学术研究的价值，并决定了授课教师应选择一个与之相对应的新型授课模式。笔者拟以刑法案例分析课为切入点，全面列举各种既定授课模式并分析其利弊，再提出一种新型授课模式，以充分挖掘高校法学案例分析课的教学过程中所蕴含的学术推动性，并以体系化、可操作、细节性的技术流程将这种推动性在授课过程中予以

---

〔1〕 薛立辉、王雪巍：《刑法案例教学之我见》，载《绥化学院学报》2005 年第 2 期。

〔2〕 Reinhart Maurach and Heinz Zipf, *Strafrecht Allgemeiner Teil*, *Teiband 1*, *Grundlehren des Strafrechts und Aufbau der Straftat*, Berlin, C. F. Müller Juristicher Verlag, 1992, p. 260.

〔3〕 福建省石狮市人民法院一审刑事判决书，(2017) 闽 0581 刑初 1070 号。

〔4〕 Thomas Weigend, “Notstandsrecht für selbstfahrende Autos?”, *Zeitschrift für Internationale Strafrechtsdogmatik*, Vol. 2017, No. 3.

实现。

## 二、现行授课模式及其评价

根据在教学一线的观察，笔者发现不同的高校教师在刑法案例分析课的讲授上存在不同的模式。这些模式都具备一定的合理性和借鉴意义，但也存在一定的改进余地。笔者根据不同的划分标准，将现行授课模式划分为不同的类型。

### （一）具体类型

以授课内容为划分标准，现行授课模式有如下具体类型：

第一，“偏离现实”模式。这是指案件分析课所选取的案例并非我国当代生活中真实发生的案件或法院作出的判决，具体而言，包括三种情形：①选取的案例是在古代发生的案例。②选择的案例是在国外发生的案例。③选取的案例完全出于想象而无现实根据。在上述案例中，有的含有不为时间所限制的经典问题，有的却不含有，而后者情形时而可见。

第二，“简单设问”模式。这是指教师对案例设置的问题在数量上偏少，缺乏以某问题为中心就势发散辐射的效果。

第三，“知识单一”模式。这是指在授课过程中，对学生做出的回答，教师太过强调“就事论事”的点评和知识讲解，而不将与回答相关的系列知识点都进行覆盖。

第四，“囿于教材”模式。这是指在授课过程中，教师围绕案例所讨论和讲授的知识，仅限于相关教科书上的内容，不将之拓展到国外先进理论、司法实践中的通行解决方案。

以授课方式为划分标准，现行授课模式有如下具体类型：

第一，“教师独讲”模式。这是指在授课过程中，主要由教师进行案例分析、知识讲授，对教师与学生之间的问答较为忽视的授课模式。

第二，“分组讨论”模式。这是指在授课过程中，主要由学生在课堂上进行分组讨论后推举代表发言，再由教师进行点评，但对教师与学生之间的问答、教师的知识讲授这两个环节较为削弱的授课模式。

第三，“回避争议”模式。这是指在授课过程中，一旦遇有疑难问题或者欠缺通说的问题，教师并不直接、正面地与学生共同探讨答案，或者不事后通过研究得出解决方案，而是直接绕开争议，或者提供给学生模棱两可、似是而非的答案。

第四，“直接告知”模式。这是指在授课过程中，教师不通过循循善诱、启迪学生的方式让学生主动领悟某种知识，而是以直接告知的方式，[1] 让学生被动接纳上述内容。值得注意的是，此模式与“教师独讲”模式不属于同一模式，因为即便采取“教师独讲”模式，教师也不一定会采取“直接告知”模式。

第五，“排斥观点”模式。这是指在授课过程中，当学生提出的观点不为教师所认同时，教师予以直接、简单的反驳，或者当学生之间发生争论时，教师直接、简单地表示支持一方、反对另一方，却不予以进一步论证或提供理由，或者当学生质疑教师的观点时，教师予以反驳以维护自己观点，使得被反驳的学生不敢、不愿也不再继续发表观点或进行争论。

第六，“回答即可”模式。这是指在授课过程中，当学生对教师提出的问题作出回答时，教师不再就其回答继续提问，从而开启“提问→回答→再问→再答”的循环问答过程，而是立即结

---

〔1〕 杨俊：《论刑法案例教学的相关问题》，载《法制博览》2015年第35期。

束提问。

## （二）问题和成因

就上述现行授课模式暴露出的具体问题而言，从微观层面来看：“偏离现实”模式中选取的案例如果不含有经典问题，会让学生忽略我国当前社会的现实需求，不利于培养他们解决我国刑法所面临现实问题的思维；“简单设问”模式既不能全面覆盖与所考察知识相关的所有知识点，也无法最大化利用案例的价值；“知识单一”模式不利于学生全面、系统掌握相关知识；“囿于教材”模式让学生无法从课堂中获知国外先进理论和司法实践中的惯常作法，容易导致他们既不能在理论上增进知识还与司法实践脱节，也不能通过吸取新鲜知识而培养对部门法和学术研究的兴趣；“教师独讲”模式不利于培养学生将法条、理论涵摄于实际案例的能力，也无法通过问答、相互质疑和辩论的方式让学生通过产生“思维兴奋点”和“深刻印象点”而深刻地理解和记忆相关知识，也难以让他们对案例分析课所依托的部门法产生兴趣而让教师借以发掘、培育未来的学术人才，也难以让学生学会发现、分析、解决问题（尤其是我国当代社会生活中出现的新问题）和形成独立思考精神；“分组讨论”模式造成学生的知识难以通过上课得到补充或纠正，不利于教师通过针对性的抽问去发现、解决特定学生的知识错漏问题并训练其逻辑、思考能力，[1]容易让分组讨论和发言流于随意而难中“靶心”；“回避争议”模式易导致学生丧失当场讨论问题以训练思维的机会，还可能让学生被教师直接给予的错误或不合理的答案误导，也可能让教师和学生忽略可能成为论文写作的主题，还可能让教师失去当场思考

〔1〕 王刚：《刑法案例教学法的新发展》，载《江南论坛》2016年第9期。

或事后研究问题的动力并增加教师和学生不愿进行研究的懈怠性；“直接告知”模式难以让学生深刻理解、真正懂得某种知识或解决方案，还难以让学生对某种知识或解决方案的记忆较为深刻，也无法通过逻辑推演的思考过程去训练学生的论证思维；“排斥观点”模式可能对学生的自尊心造成伤害，从而导致其丧失积极回答问题的动力，还让教师失去借此怀疑、反思自己观点是否合理、全面的机会，还可能让争论升级为学生之间或学生与教师之间的争吵甚至矛盾；“回答即可”模式导致无法通过不断询问的方式去暴露学生可能存在的知识错误或漏洞，从而无法对之针对性地纠正或补充，还无法通过反复的询问去“倒逼”学生不断思考以使他们的思维得到强化训练，也无法测试出学生是通过真实思考还是随口回答而得出答案。

以上具体问题，可从宏观层面言简意赅地总结为以下五点：①导致学生无法从授课过程中获取兴趣。②导致学生感觉学到的知识范围有限、无法培养思考能力，从而对上课和学术产生懈怠、消极的态度。③导致教师感觉授课过程欠缺激情、无法发现新问题、无法获取解决方案上的新灵感而逐渐倦怠。④导致法学案例分析课的教学目的削弱或落空。⑤导致教师和学生无法从授课过程中发掘其能推动学术研究的价值。

就上述问题的成因而言，至少包括以下方面：①授课教师多年来形成的个人讲课习惯。②授课教师在知识结构和布局方面具有多样化的差异。③授课教师具有不同的个人经历和特定兴趣，如有无出国留学经历、学术研究兴趣的有无和大小。④出于授课时间、精力的经济化考虑，如采取“分组讨论”模式会极大地节省教师的时间和精力。

## 三、“开拓·启迪·商讨”授课模式的提出和运用

### （一）内容

所谓“开拓·启迪·商讨”授课模式，是笔者根据新时代的需要，在吸取上述既定授课模式经验教训的前提下，以法学案例分析课为契机，着力培养法学学科的学术人才、创新人才，以最终提升法学学科的科研水平而提出的授课模式。此授课模式由三个关键词组成：其一，“开拓”。这是指除了既定知识的传授，更为重要的是，教师和学生可将案例作为一种“宝库”，不断从授课过程中探索“新问题”，包括以下具体问题：①当前没有或难以找到既定理论可解决的问题；②既定理论未曾形成通说的问题；③以通说处理会有逻辑冲突或在实质上不合理的问题；④不被理论界和实务界关注或重视的旧问题；⑤当前存在但过去从未出现的时代性问题。对这些新问题，教师在授课过程中可引导学生当场讨论同时自己也参与讨论，尽量鼓励更多学生发言，倾听各种不同观点并将有益观点予以记录，课后指导学生同时自己也将这些问题确定为论文主题并写作论文，以此方式将法学案例分析课变为论文主题来源，将课后时间变为论文写作时间，将教师和学生变为学者，由此形成师生共建、良性循环的学术研究格局。实现“开拓”，首先在于教师。教师应对自身水准有客观认识，不迷信一切既定理论，善于发现新问题，勤奋写作论文，才能给学生树立良好的示范，传授给学生较好的研究方法。其二，“启迪”。这是指教师应避免向学生单向传授知识而让学生被动接受知识，可通过循循善诱的方式，启迪、促发、暗示、提示学生去主动探索解决方案，或者让学生“猛然顿悟”出教师想让他知

道的知识。通过启迪让学生自动领会知识，不仅能让他们感到授课过程具备趣味性，还能通过锤炼其推导思维去培养其学术研究能力。其三，“商讨”。这是指一方面教师应避免“权威”心态，以平等、尊重的态度与学生讨论案例，容许学生对某种观点进行怀疑、反思、批判；另一方面教师应避免向学生单向传授知识从而忽略互动，也应防止学生针对提问回答一次即可，而可通过“抽问→回答→再问→再答”的循环往复过程，与学生逐步深入地交互讨论问题。通过上述方式，可让学生感觉自己受到教师尊重，从而更愿意也更有机会与教师共同将课堂教学引向学术研究、引向百家争鸣。

### （二）实施流程

将“开拓·启迪·商讨”授课模式应用于法学案例分析课的授课实践，可创设一种实施流程来进行。该实施流程由课前、课中、课后三个阶段组成：

1. 课前

授课之前，教师需要准备案例，首先需要查找案例。可以每次上课（2节课）为1个单元，选取1个案例，列入PPT。案例的选取方法如下：其一，选取我国现实社会中真实发生的案例。其中，可根据案例公布机关的权威性，确定案例来源的顺序如下：①我国法院已作出的判决（无论是否生效），包括最高人民法院发布的指导性案例、〔1〕“中国裁判文书网”公布的判决。②最高人民法院应用法学研究所编著的《人民法院案例选》。

---

〔1〕 值得注意的是，中华人民共和国最高人民法院刑事审判第一、二、三、四、五庭主办、2017年由法律出版社出版的《中国刑事审判指导案例》（增订第3版）属于刑事指导案例的最新集中汇编。此外，该庭主办的《刑事审判参考》中的案例亦属于指导案例。

③国家法官学院、中国人民大学法学院编著的《中国审判案例要览》。无法保证真实性的案例不宜选取，但可以在既定案例的既定问题中予以提及。选取案例时，注重其真实发生性已成为我国学界共识,[1] 有学者认为，还应根据案例的系统性、案例的典型性、案例的启发性和疑难性[2]和案例的趣味性[3]来选取案例，这值得参考。其二，将选取的案例编入授课内容时，须安排以下内容：①案情（在判决书中表现为“经法院审理查明”的内容)。②判决结果（如本院依照……之规定，判决如下：被告单位深圳市快播科技有限公司犯传播淫秽物品牟利罪，判处罚金人民币一千万元……[4])。③判决中可能存在的说理（如于某某故意伤害案的判决中“于某某持尖刀捅刺被害人不存在正当防卫意义的不法侵害前提”[5] 的说理)。④案例中可能存在的法官说理(如陈某某投放危险物质案中，臧建伟、郇习顶、周加海法官作出的“医院在抢救被害人陆某过程中所存在的诊治失误这一介入因素，并不足以切断被告人的投毒行为与被害人死亡之间的因果关系”[6] 之说理)。之所以必须确定以上内容，是因为教师接下来会对所选取的案例进行设问，上述内容针对设问而言，都是不可或缺的材料。其三，对案例的来源应在PPT中注明，防止因不

---

[1] 刘东根:《公安院校本科教育中刑法案例教学法的构建》，载《公安教育》2009年第1期。

[2] 文姬:《刑法案例教学评估体系实证研究》，载《铁道警官高等专科学校学报》2010年第2期。

[3] 司钦山：《论刑法案例教学的运用规则》，载《江苏公安专科学校学报》1999年第S1期。

[4] 北京市海淀区人民法院刑事判决书，(2015) 海刑初字第512号。

[5] 山东省聊城市中级人民法院刑事附带民事判决书，(2016) 鲁15刑初33号。

[6] 中华人民共和国最高人民法院刑事审判第一、二、三、四、五庭编:《中国刑事审判指导案例1：总则部分·危害国家安全罪·危害公共安全罪·危害国防利益罪》，法律出版社2012年版，第186~188页。

慎发生内容错误而导致师生无法及时更正。针对案例，教师可设置若干组问题并以序号依次标明，每组问题具体可分若干小问题，由此建立问题组并列入 PPT 的案例下方。如果有些问题的答案涉及的知识具有复杂构造，以致教师难以单纯用语言讲清，可在 PPT 中写出所涉及的知识，以便于在课堂上为学生讲解。其中，可注意以下细节：①问题最好围绕法条、理论、司法实践中的常用解决方案而设置。②本学期内选取的所有案例最好尽量覆盖部门法的所有重要问题。③在每组问题中，以第一个问题为核心，选取与之有逻辑或知识关联的其他问题。④设置“是非问题”必追问“为什么”，防止学生随意作答。⑤可适当设置超越教科书范围的问题，具有学术研究意义的新问题，涉及国外先进理论的问题。案例和问题设置好之后，每次上课前，教师可将案例和问题发送给相关负责学生（班长、学习委员或科代表），并让其以 QQ 群、微信群等方式公布给全班学生，使学生有充分的时间思考问题。其中，可注意以下细节：①应至少提前 3 天将案例和问题发送给同学，否则可能导致他们因时间太紧而无法从容思考、充分准备。②如果发现在每次上课时间内无法全部完成每个案例的所有问题组，可根据上课时间选取问题组内的若干组，作为每次上课所用的问题，以节省学生每次准备上课前思考问题所用的精力和时间。③可向相关负责学生索取全班学生名单，以备上课抽问所用。

2. 课中

在授课过程中，教师可依问题的顺序，逐个向学生提问。针对每个问题，如果无人主动回答，可依照学生名单的顺序，依次向每个学生提问。针对每个被抽问的学生，应按照其回答内容继续发问，形成循环往复的问答过程。其中，可注意以下细节：①针对学生回答的内容，不管是否合理，最好都不要在言语、动作、表情上对学生进行情绪化、简单的否定；相反，可给予必要的肯定或鼓励。②如果学生的回答存在缺陷，或者教师想告知学生合理的答案，最好不要直接告诉学生，可通过循循善诱的启迪、逐步深入的启发，让学生自动领悟。③教师自己给出的答案如果异于通说，须声明这只是个人观点，不等同于通说，以免误导学生。④鼓励其他学生对被抽问学生所回答的内容，进行提问和相互辩论，以形成教师、被抽问学生、主动提问的学生三方共同参与的讨论格局。⑤对于学生提出的新解决方案或发现的新问题，可鼓励他们以此为主题于课后写作论文（学术论文或学位论文），并在论文写作、投稿上给予技术性指导。在问答进行中或结束后，教师可针对问题所涉及的知识点或者学生回答内容所涉及的必要知识点，进行讲解。其中，可注意以下细节：①尽量用浅显直白的语言。②尽量举实例说明，避免抽象讲解。③对于有复杂构造的知识，可在PPT中或黑板上以图表的形式生动展示。

3. 课后

教师如果在授课过程中暴露出自身知识上的错误或不足，可在授课结束后迅速予以纠正或补充；如果发现有学术研究意义的新问题、新解决方案，可在课后迅速予以总结，使之成为论文写作的主题，以防遗忘；如果发现事关教学、授课的技术性问题，可及时总结教训并制定改进方案；对于已授课班级的学生所提出有见地的问题、答案和教师由此引发的新思考，可在接下来将授课的其他班级（如果授课班级为多个）中予以提及，以便惠及他人。

然而，将此模式运用于法学案例分析课，可能会遇到一些特殊情况，有必要对这些情况进行分析并提出解决方案。

第一，不友好地诘问。由于“开拓·启迪·商讨”授课模式需要教师与学生之间进行反复的问答甚至辩论，大多数情况下学生都能对教师保持理性、平和、就事论事的态度。但在个别情况下，学生可能基于某种原因对教师采取缺乏礼节的态度，包括在用词、语气、动作等方面让老师明显感到自己不受尊重，甚至有的学生可能偏离问题讨论的目的而采取“为争论而争论、为驳倒而驳倒”的态度。遇此情况，笔者建议教师保持一种理性、平和、宽容的心态，不要与学生“上纲上线”，而是以暂时结束争论、转移到下一个问题、抽其他学生回答等方式，让学生平和下来，防止课堂上出现骚动而危害授课进行或危及师生关系。

第二，不主动回答。在教师抽学生回答问题之前，学生主动回答问题固然更好；但在授课实践中，学生不主动回答问题的现象也较为多见。遇此情况，教师最好不要气馁，认为以“提问→回答”为核心的案例分析课无法进行下去，可采取直接抽问的方式，不仅可填补学生不主动回答的“课堂真空区”，还可诱发其他学生在教师抽问特定学生时产生兴趣而主动作答。

第三，随意地回答。在授课实践中，学生未经审慎思考而随意回答问题的现象也时常可见，其原因一般有三点：①学生事前准备不充分或根本未作准备。②学生感觉难度高而无法作答。③学生根本不理解提问本身的含义。教师如果怀疑学生随意作答，可采取追问的方式，询问学生的回答理由，则可确定是否果真如此。教师如果发现学生确实随意作答，最好不要直接批评，可通过“将计就计”，对其随意的回答从正面进行逻辑、知识上的推敲，让学生在推敲过程中获取问题的真正答案和相关知识，并顺带锻炼了他们的论证逻辑思维。

第四，期末试题。如果教师所在的高校规定由授课教师自己对法学案例分析课的期末考试命制试题，同时并未强制性规定试题的类型，教师可将期末试题全部设置为案例题[1]；如果根据相关规定，授课教师自己无权单独命题，而是由其他教师单独命题或与授课教师联合命题，授课教师可在命题前与命题教师充分沟通，以争取案例题成为期末试题的主要题型。

### （三）效果

笔者在教学实践中，已将“开拓·启迪·商讨”授课模式运用到为法学本科生、刑法学硕士研究生开设的刑法案例分析课中，发现可取得以下效果：①学生能真正理解法条、理论的含义。②通过对国内外先进法学理论、著名法学学者及其著作的引荐，开拓了学生的学术视野，使其获取了教科书不具备的学术营养。③通过激烈的思维训练，学生对案例所依托的部门法产生了兴趣，[2] 为未来法学学者的诞生提供了契机。④教师或学生从深入的讨论中发现了有学术研究价值的新问题，并将之确定为论文主题，推动建立了以写作论文为核心的学术研究格局。⑤培养了学生的问题意识、思考意识。发现问题、分析问题、解决问题成为他们的思维主线，独立思考、不再盲从成为他们面对法学问题的习惯意识。⑥帮助教师自我修正既定错误观点、填补知识缺

---

〔1〕 对此，有学者指出案例题分值过低的弊端：“目前，刑法期末考试包含了40分的案例分析题，考核方式显得过于单一。”罗朝辉：《公安院校刑法案例教学改革实施研究》，载《湘潮（下半月）》2011年第12期。

〔2〕 袁琴武：《刑法案例教学若干问题研究》，载《法制与社会》2017年第17期。

漏、拓展知识范围，从而提升了学术水准和教学水准。[1]

### （四）特性

可见，“开拓·启迪·商讨”授课模式与既定授课模式相比，其特性发生了如下转变：①从权威身份转向平等交流。教师不再是绝对不容置疑的权威者，而是客观理性并具有谦卑内心、探索精神的研究者和引路人。②从单向灌输转向交互讨论。不再以传统讲授方式作为案例分析课的主要模式，而是通过教师不断提问、学生不断回答的过程，师生共同讨论问题。③从知识汲取转向学术研究。学生不再是机械、被动地从外向内吸取知识的人，而是积极主动去发现、分析、解决问题，由内向外产出知识，从而“润物细无声”地走上学术研究之路。④从被动听课转向主动思考。学生不再被动听课，将现成答案从教师所有变为自己所有，缺乏主动的怀疑、反思、批判、重建，而是开动脑筋让自己成为思考的主体，去主动、独立地思考问题。⑤从恪守旧识转向找新问题。教师不再将课堂局限于教科书，而是通过反复的讨论，去发现、分析、解决法条、理论、社会中的各种新问题，由此培养学生以创新思维为核心的学术思维。

## 四、结语

“开拓·启迪·商讨”授课模式旨在从法学案例分析课的授课过程中获取能推动学术研究的价值，最终助力于提升符合新时代需要的法学科研水平。然而，由于当前我国各高校法学院对于法学案例分析课的开设情况、教学要求和科研要求不一而足，各

---

〔1〕 崔征：《刑法案例教学法在实践中运用的探索》，载《法制与社会》2012年第32期。

个法学高校教师的授课习惯、学术研究兴趣也不尽相同，对此，笔者建议，对于热衷于从事学术研究的高校教师，或者愿意推动所在学院法学学科学术研究水准的高校教师，或者愿意从学生中培养未来学术人才的高校教师，可考虑采取新授课模式；针对面向硕士研究生开设的法学案例分析课，可考虑尽量采取该授课模式；针对大专生或低年级的本科生，可考虑选择性地采取此授课模式。此外，该授课模式的局限性在于：对于很多争议问题、疑难问题和新问题，难以在课堂上直接、迅速地获得意见统一的答案，对急于获取所谓“标准答案”而不愿进行复杂思考的学生，可能不太适合。

# 区块链技术革命背景下的金融法教学改革*

◎徐文鸣　刘圣琦**

**摘　要：**区块链技术革命向金融法教学提出新的要求。一方面，金融法教学内容中亟待补足必要的区块链和金融科技知识讲授；另一方面，既有金融法教学模式已经无法适应社会对高水平综合性法律人才的要求。在区块链技术革命背景下，金融法教学改革将引入区块链、金融科技和监管科技知识模块，采用多专业协作培养模式，合理配置教学资源，丰富学术成果展现形式，

* 基金项目：中国政法大学本科教育教学改革研究项目“区块链技术革命背景下金融法教学改革研究”和中国政法大学“法律与金融交叉学科”建设项目。

** 徐文鸣，男，意大利博洛尼亚大学法学院法律经济学博士，中国政法大学法与经济学研究院副教授，副院长，钱端升青年学者。刘圣琦，男，中国政法大学法与经济学研究院2019级硕士研究生。

引入虚拟仿真系统等前沿教学工具，更新激励和考核机制，并借鉴国内外高校的先进经验，革新教学理念，打造具有时代性的金融法教学模式。

**关键词：** 金融法　教学改革　区块链　金融科技　监管样板

## 一、引言

2019年10月24日，中共中央政治局就区块链技术发展现状和趋势进行第十八次集体学习，中共中央总书记习近平对区块链技术的集成应用和引领技术革新与产业变革的重要地位做出明确指示，标志着区块链获得官方肯定，正式进入公众视野。

在区块链最初是一种服务于数字货币的去中心化分布式记账系统，经过发展迭代，如今已经成为能够承载大量即时交易和数据存储的交易系统底层技术，应用场景覆盖各行各业，其中以金融业为主要部分。我国央行正在积极推进的DC/EP法定数字货币正是基于此种底层技术，以M0数字化为手段，提升货币政策的执行效率，实现经济的平稳快速发展。除此之外，在银行清算系统、票据、保险、数字化融资、供应链金融等其他金融领域，区块链的优势都能够得到最大程度的发挥，其共同的技术依托是区块链的分布式记账机制和弱中心性。当前各国政府机构正在联合智库和资本机构进行金融基础设施的升级，区块链成为金融行业的新一代底层技术基础已是大势所趋。

与此同时，金融科技正成为区块链技术革命背景下逐渐活跃的领域。2019年8月，中国人民银行印发了《金融科技（FinTech）发展规划（2019—2021年）》，强调了金融科技在现代金融中的重要地位，部署了金融科技发展的重点任务。金融科技的核心要旨是以科技赋能金融发展，近年来得到愈发密集的关注。据毕马威统计，2019 年上半年全球金融科技投资达到 379 亿美元，投资成交数（包括风险投资、私募股权投资和并购重组）962 笔；2018 年的势头更甚，全年全球金融科技投资额达 1200 亿美元，是 2014 年的 2.6 倍（460 亿美元）[1]。中国对金融科技十分重视，全球前 100 所金融科技公司中有 10 家是中国企业，位居亚太地区首位[2]。实践中还诞生了融合金融科技手段和监管机构职能的监管科技，为金融监管提供了新思路。

区块链技术革命背景下，金融业务的发展模式将发生剧变，金融业监管面临着随之而来的全新挑战。综合考虑我国的政策导向和技术发展现状，有必要将区块链和金融科技引入金融法教学研究，在讲授区块链技术和金融科技基本原理的基础上引导学生认识技术与金融的独特结合模式，思考技术革命带来的法律思维革新，培养学生的跨学科意识和知识更新意识，提升他们在金融科技行业的就业竞争力。目前已有多个国家和地区在高校教学中加入区块链和金融科技内容，一方面保持教育行业的新鲜活力，另一方面向社会输出理论和技术人才，为国家金融基础设施升级和新兴技术的普适化应用做出贡献。例如，新加坡国立大学作为 QS 世界大学排名第 11 位的顶尖高校，为新加坡金融监管和新科技领域输出大量人才，同时与中国部分企业建立区块链技术合作关系，具有丰富的区块链技术储备、制度设计经验和前沿教学

---

〔1〕 数据来源参见“The Pulse of Fintech 2019”，载 https：//assets. kpmg/content/dam/kpmg/xx/pdf/2019/07/pulse-of-fintech-h1-2019. pdf，最后访问日期：2020 年 7 月 21 日。

〔2〕 数据来源参见“2019 Fintech100：Leading Global fintech innovators”，载毕马威官方网站：https：//home. kpmg/xx/en/home/insights/2019/11/2019-fintech100-leading-global-fintech-innovators-fs. html，最后访问日期：2020 年 7 月 21 日。

经验。

然而，在教学改革进程中仍有若干关键问题亟待解决。一是对技术本身的研究深度把控。区块链和金融科技已经走过较长的发展历程，技术内涵和运作原理十分复杂，在学习过程中无法避免的是对技术本身的研究。但法学毕竟是人文社会科学，在法学教育中过多地灌输技术知识会导致教学重心偏移，压缩教育资源，过于粗浅的学习则有脱离实际之虞。因此本文需要解决的问题之一是如何对区块链和金融科技要点的研究进行深度把控，使教学既不脱离现实，又能够实现教育效率和教育成果的并重。二是缺乏现实法律法规依据的状况应对。囿于法律的相对稳定性特征，现实法律往往存在滞后现象，这是新兴领域法学教育所要面对的普遍问题。以互联网金融为例，如今已经是互联网与金融实质结合的第三个阶段，但直接调整互联网金融法律问题的《互联网金融法》仍在孵化当中。区块链是即将广泛铺设的基础设施，可供参考的法律问题实例并不充足，相应法律法规文件的出台还有一定时间。但没有成文法并不意味着无法进行法学研究，更不否定研究的必要性，本文将寻求一个在成文法缺位时进行前瞻性法学教学的应对方案。三是域外经验的本土化适用问题。美国、新加坡等国家和地区已经将区块链和金融科技引入高校教学，其经验将是我国课程设计的重要参考。然而，我国国情十分特殊，在政治体制、经济体制、经济发展状况、行业进程等诸多方面与其他国家存在差异，域外经验不必然适用于我国现实状况。本文将对国内外相关现状进行严谨的比较研究，结合国内外既有教学实践经验，探究适合我国区块链、金融科技行业进程和金融法教学现状的金融法教学改革路径，从而使得在汲取长处的同时最大限度实现域外经验的本土化。

## 二、金融法教学改革拟引入的知识模块

### （一）区块链知识模块

区块链（BlockChain）是一种分布式记账技术（Distributed Ledger Technology，DLT），其显著特征是，系统中的数据写入不经过中心服务器，而是采取“广播”形式同步至传输范围内的每一个节点，且数据无法篡改和删除。相较于传统数据库，区块链的透明性和安全性显著提升。作为一种在不可信的竞争环境中以低成本建立信任的新型计算范式和协作模式，区块链凭借其独有的信任建立机制，正在改变诸多行业的应用场景和运行规则，是未来发展数字经济、构建新型信任体系不可或缺的技术之一。[1]区块链最初的设计目的是为数字货币（主要指比特币）服务，经历十余年的发展革新，如今区块链已经成为类似于互联网和移动通信的基础设施，广泛应用于产品溯源、金融服务、点对点数据传输等众多领域。其中，由于相同的价值追求，区块链与金融的结合是最为契合、全面和紧密的。在准确把握“区块链+金融”关系之前，需要对区块链的必要技术要点予以厘清。

1. 分布式记账

传统记账技术的特征是，在同一记账系统内部能够保证高度的效率性和一致性，但不同记账系统之间的交互效率取决于系统间换算机制的复杂程度，以及审核和划拨的程序效率。典型的例子是跨境交易，在交易当事人发出指令后，转出方记账系统需要

〔1〕 参见中国信息通信研究院、可信区块链推进计划：《区块链白皮书（2019年）》，载搜狐网：https：//www.sohu.com/a/352601095_465914，最后访问日期：2020年10月17日。

对交易要件进行处理，与转入方合作进行交易数额的换算后划出，转入方依据自己的记账规则对交易进行划入和确认，整个流程需要若干个工作日。而分布式记账技术某种程度上将既有和潜在的交易中介纳入到同一记账系统中，通过其特有的运作模式实现交易数据的全局性同步变更，极大地缩短了原有不同交易系统间的确认时间，将交易效率提升至新的层面。

除了交易效率方面的改进，分布式记账技术还具有更强的风险可控性。在分布式记账系统中，数据的变动不仅是全局性的，还具有终局性的特征。具体而言，在哈希加密算法的作用下，区块链上的任何节点（包括指令发出者）都无权对数据进行修改或删除，这意味着每一笔交易在数据形式上是不可逆的，交易相对人能够据此形成相对稳定的心理预期，交易秩序也因此得以维护。同时，由于数据的可追溯，即便出现交易违约，追责的成本也将十分低廉，进一步降低整个系统的交易成本。

总体而言，分布式记账技术能够简化交易流程，实现交易自动化，减少了对账和数据管理成本，结算时间也更加灵活；同时，交易具有更高的可追溯性、透明度和安全性，这些特质方便了交易过程的管理，能够吸引更多资金和主体的参与。交易流程简化后，还能节约立法和执法成本，减轻监管压力。

分布式记账技术已经开始被引入到贸易融资环境中，在时间和单据处理的交易成本方面都有望获得可观的收益。〔1〕此外，

---

〔1〕 See Alun John, *Hong Kong Regulator, Banks Launch BlockChain-Based Trade Finance Platform*, available at https://www.reuters.com/article/us-blockchain-trade/hong-kong-regulator-banks-launch-blockchain-based-trade-finance-platform-idUSKBN1K70AP, last visited on July 21, 2020; Ian Allison, *Banks Take Sides as BlockChain Trade Finance Race Heats up*, available at https://www.coindesk.com/banks-take-sides-as-blockchain-trade-finance-race-heats-up/, last visited on July 17, 2018.

两家主要的国际证券交易所也宣布了它们最终将转向完全由区块链操作的交易和清算环境。[1]

2. 弱中心化

区块链的另一显著优势是弱中心化。中心化是指数据的存储和传输依赖于某种中介，该中介成为整个系统的流转中枢，每一次数据的变动都需经过其处理后方可发布，例如银行的结算系统。中心化的好处在于高度的一致性和相对较高的运行效率（相比于去中心化的公有链），坏处在于数据不透明且安全性较差，一旦中心服务器受损，整个系统的信息将会受到威胁。区块链最初的运行模式是去中心化，即不存在任何中心节点，每个节点地位平等，数据和工作量共享，完全去中心化的区块链被称为“公有链”。公有链系统存在交易效率低下的缺陷，即时吞吐量无法满足大规模应用的需要，不适应如今大多数的交易场景。

弱中心化不同于完全的去中心化，其系统内架设若干中心节点，舍弃了一定的去中心性，但保留了分布式记账、数据加密等区块链基础特征。根据中心节点的数量和成员权限，弱中心化的区块链又被划分为“私有链”和“联盟链”两种。私有链是完全私有的区块链，写入权限集中于某一组织，整个网络由成员机构共同维护，共识过程由预选节点控制。私有链的交易速度最快，但规模相对较小，主要应用于企业或机关内部。而联盟链的中心节点较多，去中心性强于私有链，弱于公有链。与私有链类似，联盟链的开放程度和去中心化程度是有所限制的，其读写权、记账权由组织决定。相对而言，联盟链的应用场景更为广泛。在一

〔1〕 两家主要的国际证券交易所是指澳大利亚证交所［Australian Securities Exchange（ASX 2018）］和加拿大证交所［Canadian Securities Exchange（CSE 2018）］。

国内部，联盟链可以为某一行业服务，适用于机构间的交易、结算或清算等B2B场景，例如银行间的支付、结算、清算系统，各家银行的网关节点就是其中的中心节点；在国际市场上，联盟链可能成为跨境支付的最优选择，一方面，它能够为庞大的交易规模提供稳定的服务，另一方面，国际联盟链的参与主体往往是大型金融机构和企业，资金实力相对雄厚，能够共同负担联盟链的架设和维护成本，且这种成本能够被分布式记账系统带来的收益覆盖，符合效率原则。

3. 其他技术要点

区块链是一种信息技术，具有复杂的运行机制和底层语言。除分布式记账和弱中心化外，区块链的技术要点还包括共识机制、哈希加密机制，以及多层基础架构等众多要素。但作为面向本科生的金融法教学，区块链的技术细节并非重心所在，应当主要围绕上述两点介绍区块链主要特质，引导学生深入认识区块链与金融的密切关系，以及区块链技术背景下的金融法问题。

## （二）金融科技知识模块

金融科技（FinTech）是“金融（Finance）”和“科技（Technology）”两个词语的略缩语构成的合成词，它泛指一切用技术来增强或自动化金融产品和服务的业务[1]。具体而言，金融科技运用包括但不限于用互联网、大数据、区块链、云计算、人工智能等科学技术的手段和方法来重塑传统金融产品、金融服务与金

〔1〕 See *What is Fintech? A Quick Definition*, available at https://builtin.com/fintech, last visited on September 20, 2019.

融机构组织，从而实现创新性的资金融通活动[1]。金融科技的外延广泛，历史跨度大，从最早的银行记账系统，到如今的互联网和区块链技术都是金融科技的应用模式。金融科技的显著优势在于运用科技手段降低金融产品交易成本，提高金融市场效率，扩大金融市场规模，提升金融服务质量。我国中央银行明确指出金融科技已经成为金融转型升级的新引擎和金融服务实体经济的新途径，并强调应建立金融科技监管基本规则体系，提升穿透式监管能力[2]。结合金融科技的发展实践，其主要工具包括：

1. 人工智能和机器学习

人工智能（Artificial Intelligence）是通过普通计算机程序来模拟和延伸人类智能的技术，机器学习（Machine Learning）是一类从数据中自动分析获得规律，并利用规律对未知数据进行预测的算法。从技术逻辑看，机器学习是人工智能的实现方法，二者是包含与被包含的关系，常常被一同提及。机器学习是近年来计算机技术不断发展的成果，最早在 20 世纪就已经构想出的人工智能提供了技术基础。

算法是人工智能和机器学习的技术核心，智能性和识别性是其特征优势。人工智能和机器学习已经广泛运用于大量行业，其中在金融行业的应用场景集中于投资管理、自动化交易、欺诈检测、借贷承销等。具体到金融市场领域，此种技术使交易的触发更具自动性，未来随着机器学习数据池的不断加深，人工智能的

---

〔1〕 See Lawrence G. Baxter, "Adaptive Financial Regulation and RegTech: A Concept Article on Realistic Protection for Victims of Bank Failures", *Duke Law Journal*, Vol. 66, 2016, pp. 567-599.

〔2〕 参见《金融科技（FinTech）发展规划（2019—2021 年）》，2019 年 8 月由中国人民银行印发。

拟人性将会提高到新的层次，届时会出现客户服务、金融产品智能投放和争议解决等功能。此种技术的短板在于，机器学习存在必要的时间成本，因此人工智能的进步速度并不稳定，有时甚至无法适应市场变化状况。

2. 数据挖掘、大数据和云计算

数据挖掘（Data Mining）、大数据（Big Data）和云计算（Cloud Computing）是基于互联网的数据收集和数据贮存功能的综合性算法技术，它们描绘了一种新的IT服务增加、使用和交付模式，表现形式是通过互联网来提供动态可扩展的虚拟化资源。其中，大数据是指大量非结构化的数据集（Data Set），数据挖掘是用以解析大数据的技术方法，云计算是数据挖掘的成果实现模式。

云计算为金融市场交易方降低了信息搜集成本，简化了交易的前置程序，同时具有分离物理资源和虚拟资源的特性，整体上提高资源利用效率，使得市场作用得到相当程度的发挥。然而，云计算的作用建立于可信的中心机构的基础上，承载数据的中心机构出现失信情况会导致更严重的市场失灵。此外，虽然云计算整合了虚拟资源，但依然需要一定物质载体，这种物质载体的设置和维护成本十分高昂，一般体量的企业无法负担，在某种程度上反而会引起“数据孤岛”（信息被少量机构垄断），滋生逆向选择和道德风险。

3. 区块链和智能合约

区块链本身具有数据记录功能，私有链和联盟链的计算速率和系统承载量已经能够胜任绝大多数的金融交易场景，分布式记账、数据加密等特性又凸显了其不可替代性。区块链在国内外实践中已经得到规模化运用，成为重要的金融科技工具。智能合约

(Smart Contract) 是区块链发展至2.0时代的代表性产品，是一种区块链内部运行的特殊协议，旨在解决区块链1.0的运算速率问题。智能合约下，交易的成功进行以达成合约条件和节点验证为前提，且交易可追踪并完全公开。

区块链和智能合约的技术特征与金融市场的需求完美契合，是近年来逐渐得到重视的一种底层技术。与云计算相比，区块链的数据记载更加透明，同时并未牺牲承载量；与人工智能相比，智能合约在交易自动化的准确性和效率性上更进一步。区块链类金融科技具有广阔的发展前景。

### （三）监管科技知识模块

金融科技与监管的融合，通常被称为监管科技（RegTech）。监管科技一词是由英国金融行为监管局（Financial Conduct Authority，FCA）于2015年11月在《呼吁投入：支持监管科技的发展和应用》的研究报告中提出，将其定义为“利用最新的科技手段来服务于监管和合规”，并将其划分到金融科技的一个细分领域[1]。国内开始讨论“监管科技”始于2017年。孙国峰认为，监管科技初期是指金融机构利用新技术更有效地解决监管合规问题，旨在减少不断上升的合规费用（如法定报告、反洗钱和欺诈措施、用户风险等法律需求产生的费用）[2]。杨东则将监管科技定义为“科技驱动型监管”的手段[3]。当下是金融科技呈井喷式发展的时代，利用金融科技升级监管技术，实现监管科技的结

---

〔1〕 *Call for Input: Supporting the Development and Adoption of RegTech*, available at https: //www. fca. org. uk/publication/call-for-input/regtech-call-for-input. pdf, last visited on 21 July, 2020.

〔2〕 参见孙国峰:《从FinTech到RegTech》，载《清华金融评论》2017年第5期。

〔3〕 参见杨东:《监管科技：金融科技的监管挑战与维度建构》，载《中国社会科学》2018年第5期。

合式创新与优化，是我国应对金融市场的良好对策。目前已有多种成熟技术可以用于监管，包括人工智能、自然语言处理、大数据和算法分析、分布式记账等。本项研究基于监管科技实践的国内外现状，从以下几个场景分析金融市场的监管科技创新模式，展开监管科技的教学。

1. 市场监督和监控

市场监督和监控是金融市场监管者需要格外关注的领域，其外延较为广泛，包括对交易方行为、对注册登记行为以及对金融机构员工和客户的监督等。在这一过程中，主要涉及的技术手段是云计算，大数据分析和人工智能，它们能为监管者提供更精准的风险预警。

在监管科技的作用下，监管模型会从原有的“规则主导”向“风险预测主导”转变，通过大量的数据帮助决策。例如，经过“历史数据学习”（historical data learning）的计算机程序能够从当前数据中准确辨析可疑行为和风险趋势，或者对未来的市场运行模式进行预测。而具有语言分析能力的程序可以通过分析各种形式的通信信息，包括音频、视频和数字信息，使监管能力超越传统的针对特定关键字的“字面分析”（lexicon-based），转向更具应用性的基于自然语言处理技术和机器学习技术的“风险分析”（risk-based）。[1]

2. 风险报告和管理

市场监督和监控侧重于事前的市场把控和风险预测，风险报告和管理侧重于事后的风险应对和结果汇总。这一场景同样利用

---

〔1〕 See Lin Lin, *Regulating FinTech: The Case of Singapore*, Banking and Finance Law Review, NUS Law Working Paper No. 2019/028 (2019), NUS Centre for Banking & Finance Law Working Paper 19/04 (2019).

数据分析和计算为主的监管科技来促进风险数据汇总的自动化，风险指标创建和监控以及风险报告的生成。稍有不同的是，风险报告和管理模型相对更侧重于数据的分析和结果生成过程，而非采集和统计过程，且关注的数据集中于资本质量和市场流动性。此外，一些监管科技具有生成数据流（data streams）的强大功能，其内涵是指将具有显著孤立性的数据进行串联，与原有数据共同组成数据流。结构化数据（如订单的订立和取消、市场数据、客户投资组合等）与非结构化数据（如电子邮件、音频、社交媒体主页和其他通信信息等）历来难以连接，但监管科技可以有效地解决这一难题，进而实现数据的集成分析。

3. 客户身份认证

为了明晰投资资金来源，同时防止零售投资者通过集合投资掩盖身份，金融市场需要重点关注的另一个问题是客户身份。身份识别机制的缺位不仅会滋生如内幕交易或市场操纵等金融市场违法行为，损害投资者的利益，甚至还可能使市场遭受正当性质疑，因为不合规的客户可能是潜在的金融犯罪分子（洗钱或恐怖主义融资）。

监管科技在身份识别领域已经有了阶段性成果，即 KYC 身份验证机制（Know Your Customer）和 AML 程序（Anti-Money Laundering）。两种机制的底层技术都是机器学习门类下的生物识别，通过收集客户的生物特征（容貌、瞳孔等）来与背后的行为数据库进行连接和比对。但不可忽视的是，这种识别机制的设置和维护需要巨大的成本，因此一些供应商正在尝试引入分布式记账技术来减轻多个机构分别监视同一个客户的负担。它们还可以与数据系统结合，将已经掌握的内部数据与外部数据串联成为数据流，以便进一步降低成本，并实现实时追踪客户行为和交易资金流向的功能。

4. 监管智库

良好的监管离不开真实、有效、及时的反馈。然而在金融市场实践中，监管者往往难以收到能够同时满足这三种标准的监管效果反馈。监管智库能够将信息采集过程大大简化，监管者只需调动其已有数据库，智能算法会帮助监管者过滤无效信息，自动化抓取和补充分析所需的要素信息并进行高速率的分析，可视化研究报告的呈现使得监管者智慧的发挥也更加简便。除了监管机制的历史和现状反馈，监管智库还具有政策效果预测功能，由英国金融行为监管局首创的监管沙箱便是一例。监管沙箱的内设政策安排和执法状况可以由管理者自行调整，当监管沙箱基于未来的政策运行时，每一个测试对象的反应都是市场状况预测的宝贵素材；并且由于监管沙箱的现实模拟特征，这些反应具有很强的代表性，借助监管沙箱进行分析将比单纯的逻辑论证和演绎推理更加可靠和有力。

5. 投资者风险评估

投资者风险评估是指评估主体从客户处获取信息，并采取合理的政策和程序来确定投资者的风险承受能力，定期进行更新或完善。投资者风险评估更侧重于监管者的服务职能，其内涵不仅包括利用监管科技评估投资者风险，还包括对金融公司和机构权限的准确规制。这一应用场景目前在监管科技的所有场景中占比并不大，但是具有良好的发展前景。

在风险评估过程中，监管科技通过创新技术（主要包括数据聚合和机器学习）与行为科学的结合来精准判断投资者的风险偏好和风险承受能力。例如，监管者可以设计“模拟投资游戏”，游戏中提供与真实情况相同的市场动态，模拟一定的资金和投资组合选项，观察投资者对于市场调节和投资组合绩效变化的反应并生成行为数据，以此为依据为投资者进行风险评估。这种评估结果可以与投资者自身陈述结合分析，从而形成对投资者更全面、更立体的用户画像。投资者风险评估机制也可以与其他技术结合，使投资者的投资组合尽可能贴近其风险承受能力。

## 三、金融法教学改革的设计

### （一）区块链技术革命背景下国内外高校金融法教学现状

1. 清华大学——交叉培养模式

清华大学法学院于 2018 年颇具前瞻性地开设“计算法学”硕士学位，将清华大学充足的理工科研究资源与法学教育融会贯通，是清华大学法学院“科技+法律”发展战略的有效尝试。[1] 计算法学是法学和前沿信息技术的交叉学科，用科技赋能法学教育，成为培养适应信息时代发展需要的新型法律人才的重要平台。此外，清华大学法学院在 2017 年建立法律与大数据研究中心[2]，以互联网、云计算和大数据为主要研究领域，并定期开办研讨会进行学术交流，为前沿科技相关法律研究提供丰富的学术资源储备。

---

〔1〕《清华报考攻略⑩丨清华法学：卓越的道义是担当》，载百度百家号：https：//baijiahao. baidu. com/s?id = 1637409793858207213&wfr = spider&for = pc，最后访问日期：2020 年 7 月 20 日。

〔2〕《清华大学法学院法律与大数据研究中心揭牌暨“迈向数据法学”研讨会召开》，载清华大学校园网：http：//www. law. tsinghua. edu. cn/publish/law/3566/2017/20171227145350201753074/20171227145350201753074_. html，最后访问日期：2020 年 7 月 20 日。

2. 中国人民大学——综合课程模式

中国人民大学对区块链和金融科技保持高度关注。2015年，中国人民大学成立金融科技与互联网安全研究中心，研究新金融的发展模式。[1] 2017年，中国人民大学法学院成立未来法治研究院，聚焦科技革命为法学领域带来的挑战，吸收海内外、跨学科的优秀学者就人工智能、金融科技、智慧司法等领域展开研究，成果形式包括主题研讨会、专题读书会、前沿讲座等，[2] 已经产出多篇高质量学术报告。同时，该研究院在法律硕士培养中开设“大数据、金融科技与法律监管”“人工智能与法律规制”“大数据智能司法”等前沿课程，并单独设有“数据法学”辅修学位。

3. 北京大学——资源共享模式

北京大学的区块链研究资源十分丰富。北京大学设有数字金融研究中心，致力于数字金融、普惠金融、金融改革等领域的学术研究[3]，成果形式以学术报告、学术论文和中心书系为主。2018年，北京大学光华管理学院新金融与创业投资研究中心成立了区块链实验室[4]，此外还设有金融数学与金融工程研究中心。光华管理学院建立的电子案例库中收录了大量区块链和金融科技

〔1〕《金融科技与互联网安全研究中心》，载中国人民大学校园网：http://nads.ruc.edu.cn/jgsz/yjzx/jrkjyhlwaqyjzx.index.htm，最后访问日期：2020年7月21日。

〔2〕《中国人民大学法学院成立未来法治研究院 致力打造世界一流科技与法律交叉学术平台》，载中国人民大学校园网：http://lti.ruc.edu.cn/sy/yjyjj/index.htm，最后访问日期：2020年7月21日。

〔3〕《北京大学数字金融研究中心》，载北京大学校园网：https://www.idf.pku.edu.cn/zxgk/zxgkn/index.htm，最后访问日期：2020年7月21日。

〔4〕《2018金融科技与区块链创新论坛举行 北大光华区块链实验室正式成立》，载北京大学校园网：http://www.gsm.pku.edu.cn/info/1022/20040.htm，最后访问日期：2020年7月21日。

应用实例作为相关课程的教学素材，形成了有效的教学资源分配模式。与此同时，北京大学还设有独立的区块链研究中心，为全校的区块链和金融科技研究提供技术支持。

4. 新加坡国立大学——内外交互模式

新加坡国立大学的区块链和金融科技研究工作主要由计算机学院（School of Computing）担任，该院下设区块链研究项目（BLOCKCHAIN@ NUS）[1] 和金融科技实验室（FinTech Lab）[2]，且项目对校内外人士开放，并为企业提供教学和咨询等服务，丰富了相关领域的校友资源。新加坡国立大学商学院（Business School）开设了主要面向校外人士的金融科技应用课程。[3] 但在区块链和金融科技与金融法的结合领域，新加坡国立大学以学术研究和论文产出为主，目前并未大规模开设课程。

## （二）区块链技术革命背景下金融法教学改革设计要点

本文分析整理金融法教学既有经验，借鉴国内外高校的优秀教学模式，遴选新增知识模块，最终形成如图 1 所示的金融法教学改革总体框架。本项研究认为，金融领域与区块链时代的新兴科技十分耦合，广泛推行区块链和金融科技已是大势所趋，因此将新兴科技引入金融法教学有其必要性和合理性。在此前提下，金融法的教学目标应当逐渐转向学生综合素质的培养，教学模式和教学工具也应当有所革新。具体而言，区块链时代的金融法教学改革要点如下：

---

〔1〕 BLOCKCHAIN@ NUS, available at https://blockchain.comp.nus.edu.sg/, last visited on 22 July, 2020.

〔2〕 FinTech Lab, available at https://fintechlab.nus.edu.sg/, last visited on 22 July, 2020.

〔3〕 Leveraging FinTech for Business, available at https://executive-education.nus.edu.sg/programmes/leveraging-fintech-for-business/, last visited on 22 July, 2020.

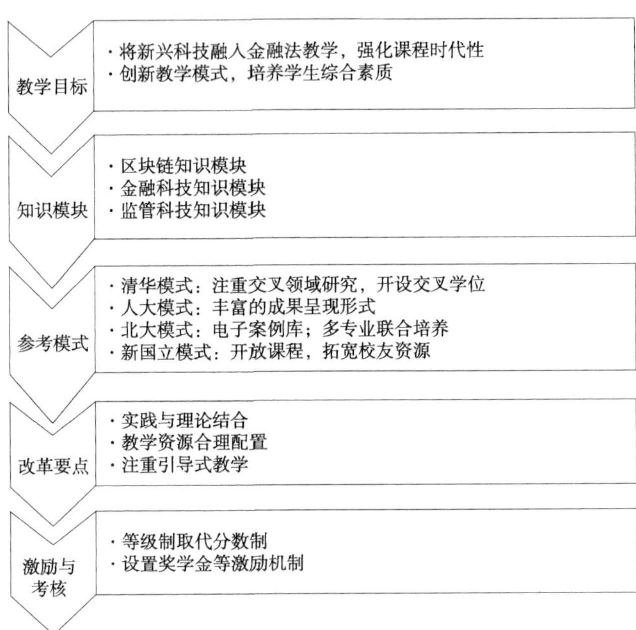


**图1　区块链技术革命背景下金融法教学改革总体框架**

1. 实践与理论结合

当前金融法课程主要教学工具为教材和讲义，有助于学生形成较为系统的理论框架，但也难免导致实践意识的缺失。法学教育的目标应当是多元的[1]，金融法又是一个实践性较强的法学领域，因此在培养模式设计上应当兼顾理论和实践两种取向。例如，目前高校教育虚拟仿真系统已经十分成熟，将该系统与授课内容中的特定模块相结合，能够使学生亲自体验实务流程，对理论知识形成更加具象化的理解，培养学生实务能力和综合素质，提升课堂教学知识渗透率。区块链的“智能合约”和金融科技的

[1] 参见何志鹏：《我国法学实践教育之反思》，载《当代法学》2010年第4期。

“监管沙箱”具有高度流程性和技术依赖性，学生能够在虚拟仿真系统中完成绝大部分操作，深入了解其运行机制和实践流程，是较为理想的理论与实践结合素材。此外，教学中应适当考虑授课人员的多样性，注重实务界人士在法学教育中的独特作用，以邀请授课、专题座谈等形式促进学生与实务界的多角度交互，避免课堂的教条主义。中国人民大学丰富的成果展现形式为此提供了良好借鉴。

2. 教学资源合理配置

金融法教学体系庞大，内容丰富，在法学院校已经形成较为稳定和成熟的框架；而区块链技术革命下的新兴科技属于理工科范畴，且同样具有复杂的运作原理和技术内涵，法学教职人员等外行人士进行学术研究和教案改编的成本较高，因此需要整合教学资源，实现教学改革的效率性。教学资源合理配置包括两方面内容：一是教学素材的共享，具体体现为案例库的共享、教学设施的共享、优质教案的交流分享等。以案例库为例，可以整合金融法和信息技术专业课的案例素材，从中遴选交叉性质较强的典型案例形成“交叉案例库”，相关专业师生均可参与到案例库的建立和维护中，共同为后续教学研究和学术研究服务，实现边际成本递减的教学素材共享模式。北京大学的“电子案例库”为此提供了良好借鉴。二是教职人员的共享，即设计课时安排时可以跳出固有的“一人一课”授课模式，尝试不同专业教职人员协作的“多人一课”形式。协作方式并不局限于面授课堂，可以考虑课程录播、课下任务指导等多种形式，突破时间和空间的限制，最大限度保证教学的专业性、独特性，提高授课效率。

3. 注重引导式教学

区块链技术革命的时代背景催生了大量全新的金融交互模

式，例如超级账本、区块链金融联盟、资产数字化等[1]，其去中心化、去信任化、跨区域性的特征颠覆了原有的监管框架，现行法律法规逐渐无法满足监管的需要，“灰色地带”不断涌现。成文法是法学教育的重要依据，讲授式教学是最常用的法学教育思路，但在成文法缺位的情况下需要寻求思路的转换。本项研究中引导式教学的内涵是，引导学生发现区块链背景下新金融领域的法律问题，搜集整理域外相应监管经验，初步形成监管框架设计。引导式教学能够培养学生的问题发现能力、归纳总结能力和法律检索能力，结合制度设计环节，有助于学生形成监管思维的体系化构建，为学术研究和职业发展提供指引，是教学改革不可或缺的关键一环。

4. 有效的激励和考核机制

国内高校普遍采取严格的分数制度作为课程成绩的表现形式，其好处在于直观、精确，便于计算名次和平均分等指标，但同时存在着短板。一方面，成绩过于精确易引起正当性质疑，法学科目偏主观的考核形式并未将学生水平的差距细分至如此程度。另一方面，严格的分数制度易引起学生的“唯分数论”，学生可能为取得高分而采取“考前突击”等学习策略，甚至因为某课程平均成绩不理想而放弃选修该课程，不利于营造健康的学习氛围。区块链背景下的金融法教学着重关注学生实践能力和综合素质的培养，以理论考察为主的试卷已经不能满足教学改革后的评估需要，因此考核环节采用国外高校常用的分级制度，即成绩以评级而非分数划分，考核因子为理论水平、实践能力、课堂贡

[1] 参见中国工商银行金融科技研究院、可信区块链推进计划：《区块链金融应用发展白皮书》，2020年4月发布。

献等指标。此外，实践型金融法教学可设置奖学金、实习机会等激励机制，以正面提高学生的课堂参与度。

## 四、结语

法学教育的目标是培养综合性法律人才，既要保证理论知识的灌输，也要注重实践能力的塑造。因此，法学教育不能仅依赖书本知识，还应当结合社会发展动态，定期进行教学架构的更新调整，保持课程的先进性和时代性。区块链技术革命背景下的金融法教学应当更加关注课程的实践取向，以同时提高学生的理论素养和实践能力为最终目的。教学改革中有必要加入技术知识模块，提高学生在技术升级时代的学习意识和学习能力，但需要以技术的可结合性特征为主要内容，不宜进行过深的技术原理剖析，否则将影响教学重心。此外，利用校内外的丰富教学资源，借助虚拟仿真系统等教学工具能够提升知识渗透率，吸纳借鉴国外先进经验有助于开拓学生国际化视野，有效的激励和考核机制能够进一步优化课程效果。

# 慕课背景下的高校教学模式改革

## ——从新冠肺炎疫情防控期间利用慕课进行线上教学谈起[*]

◎张吉喜[**]

**摘　要：**慕课的诞生给传统课堂教学带来了一定的挑战。在新冠肺炎疫情之下，各高校借助慕课平台开展线上教学更加让人们感受到慕课对传统课堂教学的冲击。慕课和传统的课堂教学各有优势和缺势。在慕课背景下，维持传统课堂教学方式不变不可行，应当混合慕课与传统课堂教学，采用混合式教学模式。对西南政法大学法学本科刑事诉讼法学课程的实证考察表明，混合式教学模式的适用取得了预期效果，但其在运行中也存在一定的问题。应当采取组建混合式教学团队、完善工

* 本文是西南政法大学高等教育教学研究项目“慕课在全日制法学本科教学中的运用研究”的资助成果。

** 张吉喜，西南政法大学法学院教授，法学博士，主要从事刑事诉讼法学教学与研究。

作量计算方法、从观念上调动学生自主学习的积极性等方式保障混合式教学模式的顺利运行。

**关键词：** 慕课　混合式教学模式　串联式教学　并联式教学

一场新冠肺炎疫情改变了所有高校2020年开学后的教学方式。在教育部"停课不停教、停课不停学"的总体要求下，各高校纷纷开展线上教学。线上教学的顺利开展与近年来教育部高度重视慕课（即大规模开放在线课程）的建设和应用工作密不可分。[1] 2015年，教育部专门颁布了《关于加强高等学校在线开放课程建设应用与管理的意见》提出，"发挥我国高等教育教学传统优势，借鉴国际先进经验，采取'高校主体、政府支持、社会参与'的方式，集聚优势力量和优质资源，构建具有中国特色在线开放课程体系和公共服务平台""建设一批以大规模在线开放课程为代表、课程应用与教学服务相融通的优质在线开放课程""认定一批国家精品在线开放课程"。爱课程网和网易共同打造的"中国大学MOOC"，成为最具影响力的慕课公共服务平台。[2] 2019年1月8日，教育部印发《关于公布2018年国家精品在线开放课程认定结果的通知》，认定了801门课程为2018年

---

〔1〕 慕课是MOOC的音译，MOOC的全称是"Massive Open Online Course"（大规模开放在线课程）。其中，"大规模"（massive）指的是课程的学习者人数众多；"开放"（open）指的是课程面向全世界所有学习者开放；"在线课程"（online course）指的是课程的所有资源都在网络平台上，学习者的整个学习过程也都是在网络平台上进行的。

〔2〕 除了"中国大学MOOC"之外，国内的慕课平台还有"学堂在线""好大学在线""智慧树在线教育"和"超星泛雅"等。

国家精品在线开放课程。[1] 根据教育部《关于加强高等学校在线开放课程建设应用与管理的意见》的要求，到2020年，将共认定3000余门国家精品在线开放课程。

慕课的出现使得课堂不再是传授知识的唯一场所。有些高校开设了慕课学位项目，该项目的学习者只需按照培养方案在慕课平台上完成一定学分的专业课程，即可获得这些高校的学位证书。[2] 基于慕课给传统课堂教学带来的这一挑战，有学者认为，“慕课是印刷术发明以来最大的教育革新，更重要的是，它将改革大学教育，重塑高等教育版图”。[3] 甚至有观点认为慕课可能摧毁现存高等教育，提出了大学末日、高校倒闭、教授失业等预言。[4] 在此次新冠肺炎疫情之下，各高校借助慕课平台开展线上教学更加让人们感受到慕课对传统课堂教学的冲击。本文将在比较慕课与传统课堂教学的优势与劣势的基础上，提出混合式教学模式是慕课背景下高校教学模式的应然选择，进而分析混合式

---

〔1〕 早在2012年，教育部便启动了精品视频公开课和国家级精品资源共享课的建设工作。2013年，教育部颁布了《国家级精品资源共享课项目管理办法》。从2012年到2014年，教育部分三批次立项建设了一批精品视频公开课，分四批立项建设了一批国家级精品资源共享课。2016年，教育部正式认定了第一批国家级精品资源共享课。慕课与视频公开课和资源共享课的区别之一是，前者将课程内容分解为若干“碎片化”的知识点，为每个知识点录制时长10分钟左右的授课视频；而后两者的授课视频则多是授课过程的完整记录，一节课的授课视频一般都是40分钟左右。心理学研究表明，10分钟是学习者注意力高度集中的最佳时段，“碎片化”学习有利于学生记忆与理解知识点。参见李铁英：《“慕课”背景下高校形势与政策课教学模式创新之思》，载《继续教育研究》2015年第11期。

〔2〕 参见王宇、汪琼：《慕课学位项目的基本特征及价值分析》，载《现代远程教育研究》2019年第1期。

〔3〕 这是时任上海交通大学校长的张杰院士在2013年召开的“在线教育发展(MOOCs)国际论坛”上的发言。参见姜泓冰：《“慕课”，搅动大学课堂》，载《人民日报》2013年7月15日，第15版。

〔4〕 参见郑雅君、陆昉：《MOOC 3.0：朝向大学本体的教学改革》，载《复旦教育论坛》2014年第1期。

教学模式的类型和特点，并结合对西南政法大学刑事诉讼法学课程开展混合式教学模式实证考察的结果，有针对性地提出保障混合式教学模式顺利运行的几点建议。

## 一、慕课与传统课堂教学方式的优劣势比较

为了分析慕课背景下传统课堂教学的发展趋势，需要客观地评价慕课与传统课堂教学的优势和劣势。

### （一）在学习者的学习效果方面

在传统的课堂教学中，有授课教师的全程现场授课和监督，有学校的到课率统计，有年级辅导员和督导专家的随机检查，一般能够保证学习者完成学习。与传统的课堂教学相比，由于缺乏相应的监督机制，慕课学习者是否能够完成学习则难以得到保证，最终真正完整、认真地学完某门慕课的学习者寥寥无几。在美国著名的慕课平台 Coursera 和 edX，高注册率、低完成率是普遍现象。[1] 有学者对宾夕法尼亚大学的 16 门慕课进行统计后发现，这些课程的完成率仅为 3%~4%不等。[2] 中国大学 MOOC 平台的西南政法大学刑事诉讼法学课程数据显示，注册的校外学习者中尚无一人完成了该课程的学习。虽然教育部网站报道，部分高校的线上教学在学生中反响良好，[3] 但是我们在开展线上教学时深切地感受到学生的学习效果难以保证。

---

〔1〕 曾伟忠、胡惠芳：《Coursera 和 edX 平台数据分析类 MOOC 的调查与分析》，载《图书馆学研究》2018 年第 22 期。

〔2〕 参见 Perna L. W. et al.，"Moving Through MOOCs：Understanding the Progression of Users in Massive Open Online Courses"，*Educational Researcher* 43，2014.

〔3〕 参见《高校停课不停学》，载中华人民共和国教育部官网：http：//www.moe.gov.cn/jyb_xwfb/xw_zt/moe_357/jyzt_2020n/2020_zt03/zydt/zydt_gxdt/tkbtx/，最后访问日期：2020 年 3 月 7 日。

### （二）在“三全育人”方面

2017年2月，中共中央、国务院印发《关于加强和改进新形势下高校思想政治工作的意见》，提出“坚持全员全过程全方位育人”，简称“三全育人”。尽管依赖互联网技术的慕课可以将知识传输到世界各地，但其难以满足“三全育人”的要求。“学高为师，德高为范”强调的是，教师不仅要有广博的知识，而且要有高尚的品德。传统课程教学可以通过师生面对面交流的方式传递知识之外的人生观和价值观，教师健康的情感、高尚的人格和崇高的品质可以潜移默化地影响学生。另外，传统课堂教学以大学校园为依托，对于学习者而言，大学校园的生活经历还具有文化熏陶、智慧启迪、情感陶冶和综合能力培养等功能。这些是慕课无法实现的。

### （三）在学习者的学习感受方面

在传统课堂中，教师一个鼓励的眼神，师生之间会意地一笑，师生之间在课堂上的互动交流，都会对学生带来良好的感受。而在慕课学习过程中，授课视频是提前录制完成的，缺乏与学生的即时肢体语言交流。虽然师生之间也可以开展在线互动交流，但这是通过电脑或智能手机进行的，缺乏身临其境的现场感。这导致了学习者在学习过程中容易产生孤独感和倦怠感。

### （四）在对学习者学习自主性的培养方面

传统的课堂教学主要以教师讲、学生学为基本模式，对学生学习自主性的要求较低。与传统的课堂教学相比，慕课完全依赖学习者自主学习。慕课平台上发布的同一门课程的慕课较多，学习者选择学习的课程具有一定的自主性。[1] 在慕课开课期间，学习者的学习时间安排相对自由，具体学习时间由其自主安排。慕课学习者可以自行控制学习进程，可以根据自己的情况选择暂停、快进、回看、重新播放授课视频，学习进程由其自主决定。通过慕课学习，有助于培养学习者学习的自主性。

### （五）在学习安排的便利性方面

在传统的课堂教学模式下，所有的课程都是在确定的时间和地点进行的，学生必须在该时间到达该地点听课，才符合学习的要求。而慕课依托互联网突破了传统课程时间、空间的限制，实行开放式教学，使优质的教育资源以最低的成本在全球进行配置，世界各地的学习者在家即可学到国内外著名高校的课程。另外，在传统的课堂教学中，学生在课堂上没有听懂的地方，没有办法通过“时光倒流”的方式重返课堂听课。而在慕课中，学习者可以从不同的节点观看授课视频，反复播放自己不懂或不明白的地方。

## 二、混合式教学模式——慕课背景下高校教学模式的应然选择

在慕课背景下，高校教学不外乎面临三种选择：一是维持传统课堂教学方式不变；二是以慕课替代传统的课堂教学；三是混合慕课与传统课堂教学。

---

〔1〕 在教育部的政策推动和激励下，各高校高度重视慕课的建设工作。以法学课程为例，截至2020年3月7日，在中国大学MOOC平台共有140余门各高校开设的法学本科专业课慕课，涵盖了所有法学本科专业必修课和部分专业选修课。很多课程都有不止一个学校开设的慕课，如西南政法大学、上海交通大学、北京理工大学、山东大学、江苏警官学院、对外经济贸易大学、南阳师范学院、华南理工大学和广东外语外贸大学等9所学校均开设了刑事诉讼法学慕课。

首先，在慕课背景下，维持传统课堂教学方式不变不可行。传统的课堂教学将课堂作为学生获取知识的主要途径。而在慕课背景下，学生完全可以在课堂之外通过慕课获取在课堂上获取的知识，传统课堂教学的价值大为降低。尤其是学生经过新冠肺炎疫情防控期间线上学习的训练，会在一定程度上削弱他们对传统课堂教学的依赖。

其次，以慕课替代传统的课堂教学不可行。如果以慕课替代传统的课堂教学，将会造成学生的学习效果无法保证以及“三全育人”的目标不能实现等严重后果。

最后，混合式教学是慕课背景下课堂教学改革的必然趋势。混合传统课堂教学和慕课的混合式教学是克服传统课堂教学与慕课的局限而将两者的优势结合起来的一种教学模式。混合式教学一方面能够发挥传统课堂教学在保障学生完成学业以及实现“三全育人”目标等方面的优势，另一方面能够发挥慕课在培养学习者的学习自主性以及学习安排具有便利性等方面的优势，达到最优化的教学效果。

正因为如此，无论是现有的理论研究还是教育部的相关文件都倡导混合式教学模式。在理论研究上，一致的观点是：慕课无法完全取代传统课堂，但是面对慕课的冲击，传统课堂急需改变，应当利用慕课改善课堂教学；[1] 应当将“线上”（即慕课）与“线下”（即传统课堂教学）有机地组合起来［即通常所说的O2O（Online to Offline）］，形成“混合教学”（hybrid/blended

〔1〕 参见王晶心、原帅、赵国栋：《混合式教学对大学生学习成效的影响——基于国内一流大学MOOC应用效果的实证研究》，载《现代远距离教育》2018年第5期。

teaching）模式。[1] 教育部的相关文件也特别重视混合网络课程资源与传统课堂教学。如 2012 年教育部颁布的《教育信息化十年发展规划（2011—2020 年）》明确提出了高等教育信息化的核心任务是“推动信息技术与高等教育深度融合，创新人才培养模式”，采用“信息技术与教学深度融合的教学模式、方法、内容创新”等方式开展人才培养模式创新。2015 年教育部发布的《关于加强高等学校在线开放课程建设应用与管理的意见》指出，慕课等新型在线开放课程和学习平台正在促进教学内容、方法、模式和管理体制机制发生变革……鼓励高校结合本校人才培养目标和需求，通过在线学习、在线学习与课堂教学相结合等多种方式应用在线开放课程，不断创新校内、校际课程共享与应用模式。2019 年年初教育部印发的《关于公布 2018 年国家精品在线开放课程认定结果的通知》也指出：“教育部将以在线开放课程建、用、学、管共享为抓手，深入推进信息技术与教育教学深度融合的课程内容、教学模式与教学方法改革……创新在线开放课程的多模式应用，因地制宜、因校制宜、因课制宜，开展线上线下混合式教学，切实提高教育教学质量，推进高等教育内涵式发展。”

在这里需要提及的是 SPOC（被音译为“私播课”）。SPOC 是“Small Private Online Course”（被翻译为“小规模非开放在线课程”或“小众私密在线课程”）。“small”相对于 MOOC 中的“massive”；“private”相对于 MOOC 中的“open”。在私播课中，学生的规模较为有限，一般是一个班级或几个班级，采取的是线

〔1〕 参见贺斌、曹阳：《SPOC：基于 MOOC 的教学流程创新》，载《中国电化教育》2015 年第 3 期。

上学习和线下讲授相结合的学习方式；而慕课的学习者较多，且是向全世界所有的学习者开放的，所有的学习都是线上进行的，没有对应的线下讲授。私播课和基于私播课的课堂教学便是一种将线上学习与线下讲授相结合的混合式教学模式。

## 三、混合式教学模式的种类及特点

目前在教学实践中出现了两种混合慕课与传统课堂教学的方式：串联式教学和并联式教学。[1] 前者是慕课与传统课堂教学的浅度混合，后者是慕课与传统课堂教学的深度混合。有些高校的文件明确规定采用这两种类型的混合式教学模式。如《长安大学在线开放课程建设应用与管理办法》规定："鼓励广大教师在校内课程教学实施翻转课堂、线上学习与线下课堂相结合的混合式教学模式，实现以教为主向以学为主转变、以课堂教学为主向课堂教学与课外教学相结合转变、以结果评价为主向结果评价与过程评价相结合转变，深入推进人才培养模式的改革与创新。"

### （一）混合式教学模式的种类

#### 1. 串联式教学

串联式教学指的是课程的部分章节由学生通过慕课资源学习，其他章节通过课堂教学学习，即"N章节线上学习+N章节线下学习"。线上学习和线下学习是相互串联的，所以称其为串联式教学。有些高校的在线课程建设、应用文件明确规定了此种混合式教学模式。如《河南中医药大学关于加强在线开放课程建设的意见》规定："在线开放课程实施混合式教学模式，课程负

---

〔1〕 参见刘震、张岱渭：《基于慕课的混合式教学探讨——以"马克思主义基本原理"课程为例》，载《现代教育技术》2017年第11期。

责人根据实际教学需要提出在线开放课程线下课时、线上课时分配方案。”又如《河南师范大学在线开放课程建设与管理办法》第10条规定：“素质通识教育课程以学生线上自学为主。”在有些课程中，学生必须首先完成线上章节的学习，才可以选择学习线下章节；线上内容是线下内容学习的知识铺垫，具有先后顺序。在师资较多的学校，学生在通过线上学习完成基础知识学习的基础上，还可以根据自己的兴趣选择不同风格的教师完成线下学习。串联式教学模式能够缓解课程内容较多而课堂教学时数有限的矛盾。

2. 并联式教学

并联式教学指的是将慕课作为课堂教学辅助手段的教学模式。在同一个知识点上既要进行慕课学习，又要进行课堂教学，两者同等重要，所以称其为并联式教学。在上课前，学生通过慕课中的授课视频和相关资料实现对基础知识的学习；在课堂上，教师不再讲授基础知识，而是通过答疑解惑、协作探究和互动交流等方式，解决学生的疑惑、帮助学生巩固知识和提升学生对知识的领悟层次。[1] 该教学方法被相关学者称为自班级授课制以来教育领域最大的革命。[2] 有些高校的在线课程建设、应用文件明确规定了此种混合式教学模式。如《中南财经政法大学大规模在线开放课程建设实施意见》规定：“通过慕课的建设和使用以及‘翻转课堂’教学模式的推进，有力促进教学方式、方法的改进。”又如《中国海洋大学关于实施“本科课程在线建设工程”

〔1〕 冯果：《大数据时代的法学教育及其变革》，载王瀚主编：《法学教育研究》（第21卷），法律出版社2018年版，第11页。

〔2〕 参见徐倩：《慕课：一场正在到来的教育变革 专访华东师大国际慕课研究中心主任陈玉琨》，载《上海教育》2013年第28期。

暨加强“OUC在线课程中心”建设的意见》提出“支持鼓励教师通过在线课程中心开展线上线下相结合的混合式教学改革，倡导采用探究式、讨论式、翻转教学等新型教学模式”。[1]

## （二）混合式教学模式的特点

混合式教学模式的两种类型既具有各自的特点，也具有共同的特点。

1. 串联式教学的特点

串联式教学最典型的特点是改革了教师教学的方式和学生学习的方式。在传统的课堂教学模式中，几乎所有的课程内容都需要教师在课堂上讲授，学生学习的最主要方式是在课堂上听课。在串联式教学模式中，课程的一部分是通过制作好的授课视频进行在线教学，学生通过自行播放慕课资源中的授课视频进行在线学习；课程的另一部分需要教师的课堂讲授和学生的课堂学习。为了防止教师不合适地压缩课堂讲授的比例，相关高校对课堂讲授的最低学时作了限制。如《西南政法大学在线课程建设应用与管理办法（试行）》第11条规定：“线下学时原则上不少于课程总学时的1/3。”又如《河南师范大学在线开放课程建设与管理办法》第10条规定：“见面课不少于4次，每次不少于1学时。”

2. 并联式教学的特点

第一，改变了教学过程。从学习的规律来看，学习的进程包括三个阶段：初步学习阶段、深入学习阶段以及应用创新阶段。[2] 在传统的课堂教学中，初步学习阶段是在课堂上完成的，

---

〔1〕 上述文件中的“翻转课堂”和“翻转教学”指的便是并联式教学。详见下文。

〔2〕 参见贺斌、曹阳：《SPOC：基于MOOC的教学流程创新》，载《中国电化教育》2015年第3期。

深入学习阶段以及应用创新阶段是在课后完成的。而在并联式教学模式中，学生在课前通过慕课平台观看教学视频、学习其他辅助资料，完成了初步学习阶段。在课堂上，通过答疑解惑、协作探究和互动交流等方式，完成深入学习阶段以及应用创新阶段。[1] 关联式教学颠覆了“教师课上讲授、学生课下消化”的传统教学模式，所以其又被称为“翻转课堂”或“颠倒课堂”（“Flipped Classroom”或“Inverted Classroom”）。

第二，转变了教师和学生的角色。在传统的课堂教学中，教师是知识的传授者。而在并联式教学模式的课堂教学中，教师转变为引导者、组织者和帮助者。在并联式教学模式中，无论是在课前还是在课中，都需要充分发挥学生的主动性、积极性，学生是学习的主角。教师和学生角色的上述变化，被有的学者描述为“从以教师为中心真正转变为以学生为中心”。[2]

第三，改变了教学方法。在传统的课堂教学中，教学方法是以传授知识为导向的。而在并联式教学模式的课堂上，采用的是以问题为导向的教学方法（Problem-based learning）。[3] 该教学方法以教师为主导，以学生为主体，以问题为中心，以提出问题、分析问题和解决问题为主线。教学方法的这一变化被有的学者描述为“以前备课是想三个小时讲什么，现在是想三个小时问

---

〔1〕 参见何珊君：《基于 MOOC 与翻转课堂理念的跨学科研究生教学模式探索——以“中国社会与法治”课程为示例》，载黄进主编：《中国法学教育研究》（2018 年第 3 辑），中国政法大学出版社 2018 年版。

〔2〕 曹继军、颜维琦：《“慕课”来了，中国大学怎么办?》，载《光明日报》2013 年 7 月 16 日，第 6 版。

〔3〕 曹秀平：《慕课背景下高校教学存在的问题及应对策略》，载《中国成人教育》2016 年第 14 期。

什么。"[1]

3. 串联式教学和并联式教学的共同特点

第一，依赖学生的自主学习能力。在串联式教学中，课程的部分内容完全由学生通过在线学习完成，没有课堂教学。在并联式教学中，学生需要在课前通过观看授课视频和完成相关任务实现对知识点的学习。上述在线学习都需要依赖学生的自主学习能力。

第二，完善了学业评价依据。在传统课堂教学模式下，对学生学业评价主要依据的是期末考试；在有期中考试的学校，期中考试也被作为学生学业评价的依据之一。虽然学业评价也要求考虑学生的平时成绩，但是多数情况下，教师给学生的平时成绩具有较大的随意性，缺乏客观依据。在混合式教学模式中，学业评价既包括线上评价，也包括线下评价。线上评价包括在线研讨参与情况、在线测试成绩、在线作业完成情况、在线学习进度等；线下评价包括期末考试、小组讨论表现、出勤率等。与传统课堂教学模式相比，混合式教学模式的学业评价依据更加多样化和客观化。

第三，缓解部分高校师资不足的问题。部分学校由于法学专业实力、学校区位等原因，师资不仅数量不足，而且专业不完全对口。师资不足难以满足广大学子的需求。此类学校可以运用师资雄厚的学校开发的慕课，采用混合式教学模式，以缓解师资不足的问题。教育部《关于加强高等学校在线开放课程建设应用与管理的意见》关注到了混合式教学模式在这方面的作用："鼓励

[1] 苏小红等：《基于MOOC+SPOC的混合式教学的探索与实践》，载《中国大学教学》2015年第7期。

承担对口支援任务的高校探索通过在线开放课程支援西部受援高校教学，受援高校应积极应用在线开放课程。”

第四，缓解课堂教学时间有限和重复劳动问题。在传统课堂教学中，教师往往感到课堂教学课时数太少，无法充分展开对所有知识点的讲解，更谈不上留足时间开展师生互动，增加学生的课堂参与度。运用并联式教学方法时，学生在课前通过线上完成知识点的学习，节省了传统课堂教学模式下教师讲授的时间。在运用串联式教学方法时，教师不需要利用课堂时间教学部分较为简单的章节，学生可以通过慕课平台上的在线资源完成对这些章节的学习。这样便缓解了课堂教学时间有限问题，教师在课堂上就会有充足的时间开展师生互动，增加学生的课堂参与度。

另外，在传统的课堂教学模式下，在教学内容没有明显变化的情况下，教师会年复一年地重复相同的教学内容；尤其是在同一学期承担多个教学班相同课程的情况下，在不同教学班重复讲授相同的教学内容最容易让教师感到疲惫和乏味。混合式教学模式能够让教师从这种简单、重复的劳动中解放出来，教师不用再像在传统课堂上那样花费时间重复讲解相同的内容。

## 四、混合式教学模式实证考察——以西南政法大学法学本科刑事诉讼法学课程为例

对于混合式教学模式的实施效果，存在两种截然不同的观点。有研究认为，混合式教学模式大大提高了学生的学习效率和效果，呈现出“未来教育”的曙光;[1] 对提高学生的成绩起到

---

〔1〕 黄震:《慕课及其给上海教育带来的机遇与挑战》，载《世界科学》2014 年第 3 期。

了较大的帮助作用;〔1〕学生对混合式教学模式的满意度较高。〔2〕但是，也有研究表明，尽管学生对混合式教学模式给予了一定的认可，但近一半的学生表示不会再选择该模式，他们认为该模式浪费了时间，降低了学习效率。〔3〕面对上述不同观点，为了考察混合式教学模式在法学本科专业必修课中的运用效果，我们以西南政法大学法学本科刑事诉讼法学课程为样本进行实证考察。

### （一）研究样本

在西南政法大学，法学本科刑事诉讼法学课程的教学有两种模式：一是传统的课堂教学模式，二是推行不久的混合式教学模式。混合式教学模式包括串联式教学和并联式教学两种类型。刑事诉讼法学课程的理论性和应用性强，这决定着对其不能完全适用串联式教学，而是应当采用以并联式教学方法为主，以串联式教学方法为辅的混合式教学模式。对于较容易把握的、理论性和应用性不强的章节采用串联式教学，对其他章节采用并联式教学。具体而言，在混合式教学模式班，串联式教学方法只适用于期间与送达、违法所得的没收程序和强制医疗程序等三章，其他所有章节适用并联式教学方法。之所以对上述三章内容采取串联式教学，由学生在线自主学习，是因为期间与送达是三大诉讼法的共同内容，对学生来说没有多少新知识；违法所得的没收程序和强制医疗程序的制度内容明确，且在实践中适用的案件较少，

---

〔1〕 马艳云：《慕课对大学生高等数学成绩的影响研究》，载《中国特殊教育》2018年第4期。

〔2〕 参见陈明、桑小双：《高校学生对混合教学模式改革课程认知及满意度的实证研究》，载《现代远距离教育》2018年第5期。

〔3〕 参见门路、王祖源、何博：《MOOC本土化的可行性和关注点——基于MOOC平台的大学物理课程混合式教学实践》，载《现代教育技术》2015年第1期。

上述内容由学生进行在线自主学习不影响学生对知识点的掌握。

在 2019—2020 学年第 1 学期，我们选取了传统课堂教学模式班及混合式教学模式班各两个作为研究样本。为了保证研究结果的可靠性，传统课堂教学模式班与混合式教学模式班的教师、教材、教学大纲和课时均相同。传统课堂教学模式班的学生人数分别为 62 人、65 人，混合式教学模式班的学生人数分别为 60 人、69 人。

### （二）研究方法

本研究选取课堂观察、问卷调查、对照研究和访谈相结合的研究方法。

课堂观察能够形成对课堂教学情况最直观的认识。我们采取随堂听课的方式进行课堂观察。在传统课堂教学模式班和混合式教学模式班各随堂听课 2 课时，主要观察学生的课堂参与度和回答问题的准确程度。

问卷调查收集的是可以进行定量分析的数据。问卷调查针对的是混合式教学模式班的同学。问卷的内容主要包括三个部分：①课程满意度。考察学生对混合式教学模式的满意程度；②基本能力的提升情况。考察混合式教学模式对学生自主学习能力、表达能力、批判性思维与创新思维能力以及团队合作能力等的提升情况；③课业负担。从与传统课堂教学模式比较的角度考察学生在混合式教学模式中的课业负担。在正式进行问卷调查之前，在混合式教学模式班选取了 5 名学生进行预调查，依据预调查结果，修正了意义不清和有歧义的选项，确定了最终的调查问卷。在期末时段，向混合式教学模式班的学生共发放问卷 129 份，回收 127 份，有效问卷 125 份。

对照研究是将传统课堂教学模式班学生的期末考试成绩和混合式教学模式班学生的期末考试成绩进行对比。

访谈针对的是难以通过问卷调查解决的特定问题。访谈的对象既包括老师，也包括学生。

### （三）研究结果及对其的简要分析

1. 学生的课堂参与度和回答问题的准确程度

通过2课时的课堂观察，我们发现，并联式教学模式课堂教学的一般步骤是：首先，归纳、总结问题。让学生分组阐述在课前学习过程中的收获及遇到的主要问题，教师对学生遇到的问题进行归纳、总结。其次，分组讨论，解决问题。教师参与学生的分组讨论，并给予指导。再次，选取小组代表发言。在讨论结束后，每组选择一位代表进行总结发言，将讨论成果向全班同学进行汇报。如果其他组成员有疑问，可以向发言的小组提问。最后，教师对重点、难点进行归纳、总结。由此可见，混合式教学模式班学生的课堂参与度明显高于传统课堂教学模式班。另外，混合式教学模式班学生回答问题的准确程度也明显高于传统课堂教学模式班。这是因为混合式教学模式班的学生在课前已经在线完成了对知识点的学习。

2. 学生的课程满意度

对学生的问卷显示，68.8%的学生喜欢混合式教学模式，21.6%的学生不喜欢混合式教学模式，9.6%的学生认为“不好选择”。（参见图1）这表明多数学生对混合式教学模式是满意的。

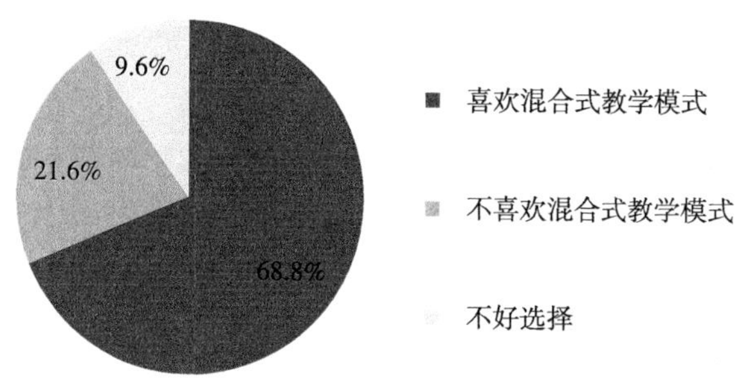


**图 1　学生对混合式教学模式的满意度**

3. 学生基本能力的提升情况

在对授课教师的访谈中，授课教师认为，随着混合式教学模式的推进，学生的批判性思维与创新思维能力获得了不同程度的发展，具体体现为“学生的问题更多了”“学生提出的问题更有价值了”“学生回答问题更全面和深入了”；学生的表达能力和团队合作能力获得了提升，具体体现为“学生更愿意主动发言了”“发言更具有逻辑、更流畅”“小组讨论更富有成效了”；学生的自主学习能力有较大提升，具体体现为“在混合式教学模式推行初期，学生在线学习的自主性低，学习效果不理想，但是随着混合式教学模式的推行，学生在线学习的自主性提高了，学习效果也趋于理想”。

对学生的问卷调查显示，62.4%的学生认为自己的思维能力、表达能力、团队合作能力和自主学习能力等均有较大提升，19.2%的学生认为自己的思维能力、表达能力、团队合作能力、自主学习能力等有一定提升，12.0%的学生认为自己的思维能力、表达能力、团队合作能力、自主学习能力等提升不明显，6.4%的学生认为说不清楚。（参见图 2）

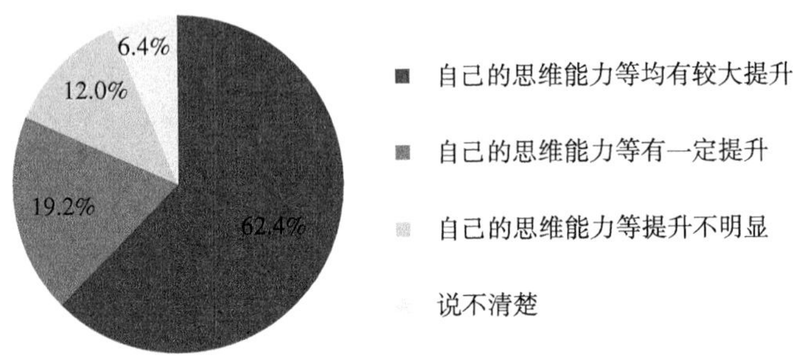


**图2 学生的基本能力提升情况**

由此可见，与传统的课堂教学模式相比，混合式教学模式能够提升学生的思维能力、表达能力、团队合作能力和自主学习能力。学生的思维能力、表达能力和团队合作能力得到提升的原因是：在传统的课堂教学中，教师的大部分时间都放在了知识的讲授上，没有时间让学生进行充分研讨和发表观点；在混合式教学模式中，课堂教学采用的是以问题为导向的教学方法，主要围绕归纳问题、讨论问题和发表观点等内容来展开，学生有充分的时间在老师的指导下进行分组研讨和发表观点。混合式教学模式提升了学生的自主学习能力与在线学习需要依赖学生的自主学习能力密不可分。

4. 课业负担

针对串联式教学方法的问卷调查显示，8.0%的学生认为在线学习投入的时间长于课堂教学的时间，79.2%的学生认为在线学习投入的时间相当于课堂教学的时间，12.8%的学生认为在线学习投入的时间短于课堂教学的时间。（参见图3）针对并联式教学方法的问卷调查显示，9.6%的学生认为课前所投入的时间与课堂时间的比大于2∶1，74.4%的学生认为课前所投入的时间与课堂时间的比大约是2∶1至1∶1，16.0%的学生认为课前所投入的时间与课堂时间的比低于1∶1。（参见图4）在访谈中，授课教师认为，串联式教学没有明显增加学生的课业负担，但是运用并联式教学方法时，学生在课前投入的时间明显较多。访谈表明，部分学生不喜欢混合式教学模式的主要原因与该教学模式增加了他们的课业负担有关。

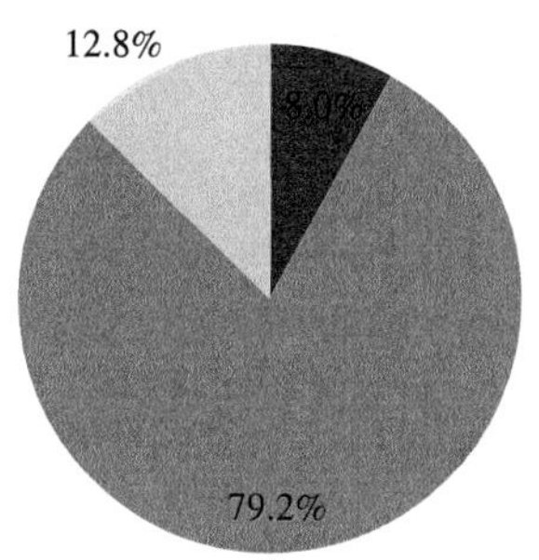


**图3　运用串联式教学方法时学生的课业负担情况**

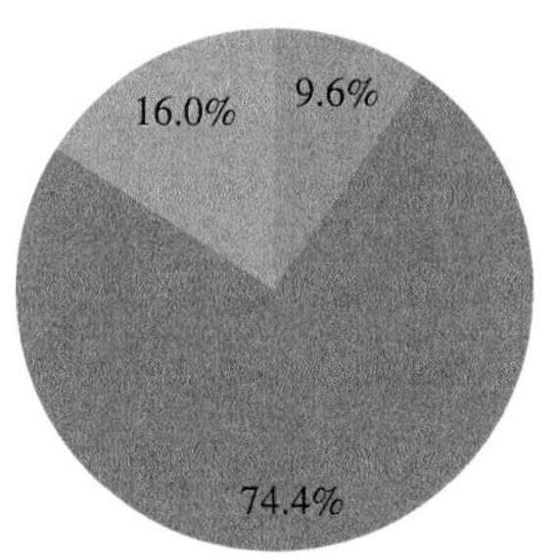


**图4　运用并联式教学方法时学生的课业负担情况**

5. 期末考试成绩

对比传统课堂教学班和混合教学模式班，学生的期末考试成绩没有显著差异。两个传统课堂教学模式班的成绩分布分别是：90~100 分 0 人，80~90 分 12 人，70~79 分 29 人，60~69 分 18 人，60 分以下 3 人；90~100 分 0 人，80~90 分 11 人，70~79 分 31 人，60~69 分 19 人，60 分以下 4 人。两个混合式教学模式班的成绩分布分别是：90~100 分 0 人，80~90 分 10 人，70~79 分 27 人，60~69 分 21 人，60 分以下 2 人；90~100 分 0 人，80~90 分 12 人，70~79 分 28 人，60~69 分 25 人，60 分以下 4 人。（参见图 5）两个传统课堂教学模式班的平均成绩分别是 67.2 分和 68.3 分；两个混合式教学模式班的平均成绩分别是 67.4 分和 68.1 分。（参见图 6）

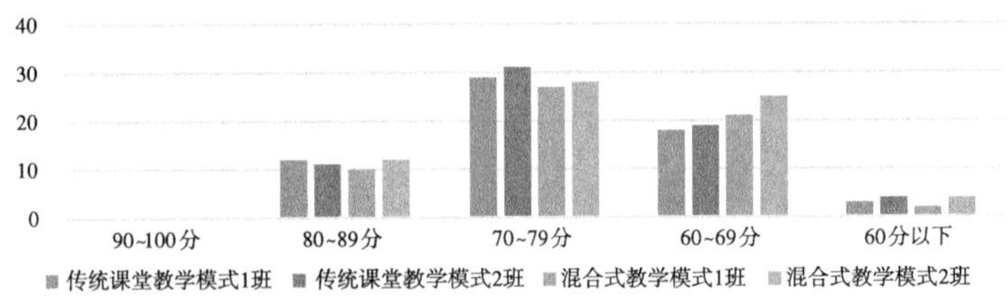


**图 5 期末考试成绩**

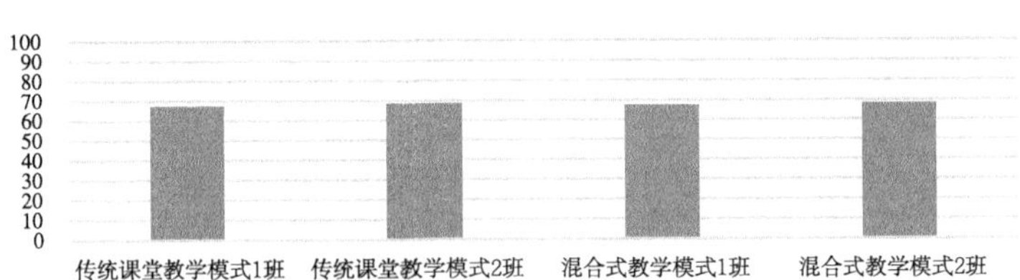


**图 6 平均成绩**

根据逻辑推理，以并联式教学为主、以串联式教学为辅的混合式教学模式应该能够提高学生的期末考试成绩。但是对照研究发现，与传统课堂教学班相比，无论是从成绩分布，还是从平均成绩来看，混合式教学模式班学生的期末考试成绩均没有显著提升。我们认为，造成这种状况的原因可能有：其一，期末考试试题不能测试出学生的思维能力、表达能力、团队合作能力和自主学习能力；其二，虽然在日常学习中混合式教学模式班的学生对知识点的掌握更加准确和牢固，但是传统教学模式班的学生通过期末复习也能够达到期末考试的要求。

6. 存在的问题

在对教师和学生的访谈中，教师和学生共同反映的问题是：教师在线互动的频率低、对学生提出的问题回复不及时；很多时候是学生助理利用教师的账号在与学生互动，学生助理对部分问题的解释不完全准确；对学生在线测试的反馈较少。教师在访谈中解释到，产生上述问题的原因之一是工作量计算标准与他们的实际付出不成比例限制了他们工作的积极性。[1] 另外，访谈中还提到很多学生为了获得在线互动方面的成绩而功利性地提出问题或回答问题，所提出的问题和对问题的解答没有实际价值。

授课教师在访谈中反映最大的问题是：混合式教学模式虽然解决了传统课堂教学中的重复劳动问题，但是他们却需要付出比传统课堂教学多得多的时间和精力。首先，建设慕课需要投入大量的精力。其次，需要关注慕课平台上学生在线学习的相关数据，及时回答学生提出的问题。再次，采用并联式教学方法时，在授课前需要梳理学生提出的问题，并为课堂上帮助学生解决这

---

〔1〕 另一个主要的原因是，由于科研压力大，他们需要挤压时间开展科研工作。《西南政法大学在线课程建设应用与管理办法（试行）》基本解决了混合式教学模式的工作量计算标准问题。该办法第 19 条规定，课程首次上线开课的前两个学期，根据新颖前沿程度及考评等级，教学工作量原则上按传统授课模式系数的 3~5 位核定，具体由学校教学委员会审定；开课两个学期之后，课程有新增教学内容，按传统授课模式系数的 1.5 位核定。

些问题做好充分的准备，备课的时间长于传统课堂教学模式下的备课时间。除此之外，授课教师还反映，在并联式教学时，由于学生课前已经完成了相关知识的学习，课上的主要任务是开展讨论交流、激发思考、答疑解惑，学生所提问题充满未知性，这对教师的专业素质和课堂管理能力都提出了更高的要求。另外，授课教师还提到，个别学生不太适应课前自主学习，习惯了“带着耳朵来听讲”的学习方式。在这种情况下，如果在课堂上讲授知识点，就浪费了其他学生的时间，也达不到混合式教学应有的目的；如果在课堂上不讲授知识点，该部分学生将无法学好该门课程。

## 五、保障混合式教学模式顺利运行的几点建议

上述实证考察反映出的有些问题与混合式教学模式本身没有必然联系，而是由相关配套制度不健全而导致的，这些问题包括：教师在线互动的频率低、对学生提出的问题回复不及时；学生助理利用教师的账号与学生互动；对学生在线测试反馈较少；学生在线互动的功利性强等。有些问题是该教学模式的必然结果，这些问题包括：授课教师需要付出比传统课堂教学多得多的时间和精力；该教学模式对教师的专业素质和课堂管理能力提出了更高的要求；个别学生不太适应课前自主学习。为了解决上述问题，保障混合式教学模式的顺利运行，我们提出如下几点建议：

### （一）组建混合式教学团队

混合式教学模式的特征决定着需要教师们分工合作，这就需要组建混合式教学团队。团队中的教师可以做如下分工：慕课授

课视频主讲教师、混合式教学授课教师、慕课平台运行教师、在线辅导教师等。一位教师既可以同时担任两种或两种以上角色，也可以只担任一种角色。另外，每个团队可以配备一定数量的学生助理，协助教师完成一些基础性、技术性的工作。只有这样，团队中不同教师各司其职、分工合作，才能减轻单个教师的工作任务，发挥团队的优势，达到最佳的工作效果。

### （二）完善工作量计算方法

随着教育部提出要坚持“以本为本”，推进“四个回归”，各高校对于本科教学的重视程度得到了进一步提升。但是，与科研相比，对于教学的激励措施仍然有待完善。在采用混合式教学模式时，尤其是在采用并联式教学方法时，教师需要付出比传统课堂教学多得多的时间和精力。如果按照传统的工作量计算方法，即“只有在课堂上授课的教师才有工作量，讲授 1 节课对应 1 个课时的工作量”，会大大削弱教师们采用混合式教学模式的积极性。

我们建议，应当为采用混合式教学模式的教师确定与其工作任务相匹配的工作量计算标准。虽然有些学校的相关文件规定了混合式教学模式的工作量计算标准，但是尚有进一步完善的必要。其一，需要区分慕课制作、实质性修改时段与其他时段。[1] 慕课的制作和实质性修改需要花费大量的精力，因此需要在工作量上予以体现。其二，需要区分串联式教学和并联式教学。在慕课制作完成后，串联式教学并不会显著增加教师的工作量，相反，有时会减轻教师的工作量，因为教师不需要进行课堂教学。

---

〔1〕 就法学课程而言，法律的修改和重要司法解释的出台都需要对慕课进行实质性修改。

与之相比，并联式教学则会显著增加教师的工作量。其三，应当赋予混合式教学模式团队的负责人确定团队成员工作量的权力。在运用混合式教学模式时，学校的文件只可能规定作为一个整体的教学团队的工作量计算标准，而不可能规定每名团队成员的工作量计算标准。由于团队中担任不同角色的教师所付出的劳动不同，因此不能将团队的整体工作量平均分配给团队成员，而是需要赋予团队负责人确定团队成员工作量的权力。

### （三）从观念上调动学生自主学习的积极性

混合式教学的关键点是学生真正进行了深入的在线学习。在串联式教学的自主学习章节，如果学生没有真正进行深入的在线学习，便无法掌握该章节的知识点。在采用并联式教学的章节，如果学生在课前不进行自主学习，便无法实现课堂教学的目的，即高效利用课堂时间，通过答疑解惑、协作探究和互动交流等方式，让学生完成对知识的深入学习和应用创新。虽然学生经过新冠肺炎疫情防控期间线上学习的训练，但是，不可否认部分学生仍然留恋传统教学模式中“带着耳朵来听讲”的学习方式，缺乏自主学习的积极性。这与学生的适应性有关，毕竟混合式教学模式是一种新的教学模式，学生需要有一个适应的过程。我们认为，可以采取下列两项措施促使学生认同混合式教学模式，从观念上调动学生自主学习的积极性。首先，加强对混合式教学模式的介绍，让学生真正理解采用混合式教学模式的必要性及混合式教学模式的价值。其次，介绍国外法学院学生课前自主学习的状况，让学生认识到课前自主学习是学好法学课程的普遍要求。在美国和英国的法学院，学生需要在课前投入比课堂时间多1~2倍的时间阅读相关材料。

### （四）完善对学生在线互动的评价标准

为了防止学生功利性地利用在线互动来获得成绩，不能仅以学生在线互动的次数作为成绩的计算依据。应当区别形式性地参与在线互动和实质性地参与在线互动。只有实质性地参与在线互动，即提出的问题和做出的解答具有实际价值，才可以作为成绩的计算依据。

### （五）合理地限制学生每学期选择混合式教学模式课程的数量

以并联式教学为主的混合式教学模式会显著地增加学生的课业负担，因此，为了保证该教学模式的顺利运行，应当适当限制学生每学期选择采用该教学模式的课程的数量。我们认为，学生每学期选择采用该教学模式的课程的数量以不超过 3 门为宜。

# 3D教学法在研究生法学专业课程中的运用

## ——以《国际金融法专题》课程为例*

◎张西峰　张　丽**

**摘　要**：3D教学法（Discussion，Dialogue & Debate），即运用讨论、对话、辩论的方式进行课堂教学。研讨课（Seminar）是3D课堂教学模式的物化或课堂表现形式。3D教学法确立了“师生共同探索，多向互动”的教学模式，以知识、能力、品质三位一体为目标，以学生会学为中心，有利于克服传统教学模式的弊端。3D教学法能够通过互动式教学培养学生的合作意识。3D教学法是在“自由”的条件下，在合作的环境中，发挥

* 本文系中国政法大学2019年研究生教育教学改革项目“3D教学法在《国际金融法专题》课程中的运用”的研究成果，项目批准号：YJLX1907。

** 张西峰，中国政法大学国际法学院副教授、硕士生导师、法学博士，中国银行法学研究会学术委员会秘书长，北京市国际经济法学研究会副会长。张丽，中国政法大学国际法学院研究生工作办主任、助理研究员。

每个人的独创精神，能够充分调动学生的积极性与主动性。本文以《国际金融法专题》课程中存托凭证法律制度运用 3D 教学法组织课堂教学的实例，阐述了 3D 教学法的具体运用。3D 教学法具有民主性、研究性和学术性的独特品质，能够实现教学和科研的统一，在研究生课堂教学中具有推广价值。

**关键词：** 3D 教学法　研讨课　《国际金融法专题》　存托凭证

教育部和国务院学位委员会 2017 年印发的《学位与研究生教育发展“十三五”规划》指出：“研究生教育作为国民教育体系的顶端，是培养高层次人才和释放人才红利的主要途径……没有强大的研究生教育，就没有强大的国家创新体系。”

2020 年 7 月，习近平总书记对研究生教育工作作出重要指示，李克强总理作出批示。[1] 习近平总书记指出，中国特色社会主义进入新时代，党和国家事业发展迫切需要培养造就大批德才兼备的高层次人才。习近平强调，研究生教育在培养创新人才、提高创新能力、服务经济社会发展、推进国家治理体系和治理能力现代化方面具有重要作用。各级党委和政府要高度重视研究生教育，推动研究生教育适应党和国家事业发展需要，坚持“四为”方针，瞄准科技前沿和关键领域，深入推进学科专业调整，提升导师队伍水平，完善人才培养体系，加快培养国家急需的高层次人才，为坚持和发展中国特色社会主义、实现中华民族伟大复兴的中国梦做出贡献。

---

〔1〕《习近平对研究生教育工作作出重要指示》，载中华人民共和国中央人民政府网：http：//www.gov.cn/xinwen/2020－07/29/content_5531011.htm，最后访问日期：2020 年 7 月 30 日。

李克强总理作出批示指出，研究生教育肩负着高层次人才培养和创新创造的重要使命，是国家发展、社会进步的重要基石。深化研究生培养模式改革，促进科教融合和产教融合，加强国际合作，着力增强研究生实践能力、创新能力，为建设社会主义现代化强国提供更坚实的人才支撑。

2020年7月29日，在全国研究生教育会议上，孙春兰副总理表示，要深入学习贯彻习近平总书记关于研究生教育的重要指示精神，全面贯彻党的教育方针，落实立德树人根本任务，以提升研究生教育质量为核心，深化改革创新，推动内涵发展。把研究作为衡量研究生素质的基本指标，优化学科专业布局，注重分类培养、开放合作，培养具有研究和创新能力的高层次人才。

随着中国特色社会主义进入新时代，依法治国受到空前重视。作为法治中国建设的重要组成部分，法治人才培养的重要性日益凸显。新时代法治中国建设比历史上任何一个时期都急需优秀法治人才，法学教育有责任为国家和社会培养一批又一批“应国需、促法兴”的高素质法治人才，引领法学教育发展方向。[1]中国政法大学校长马怀德教授曾指出：构建一流法学教育，起着支撑作用的就是“四个一流”，即一流的学科专业体系、一流的课程体系、一流的师资队伍、一流的教材体系。其中架构一流的法学课程体系，要求改进教学方法，增强教学效果。[2]

本文在分析3D教学法的含义与特征的基础上，设计3D教学

---

〔1〕 马怀德：《新时代法学教育的“四梁八柱”——在第十届“立格联盟”高峰论坛上的发言》，载杨宗科主编：《法学教育研究》（第28卷），法律出版社2020年版。

〔2〕 马怀德：《优秀法学人法才培养的“四梁”》，载《光明日报》2019年10月5日，第6版。

法的模块，结合笔者给中国政法大学研究生开设《国际金融法专题》课程运用 3D 教学法的经验，尝试总结：什么是 3D 教学法？为什么用 3D 教学法？怎么运用 3D 教学法？文章按照是什么（What）、为什么（Why）、怎么做（How）的逻辑思路，提出在法学专业研究生教学中推广应用 3D 教学法，以期能够在课堂教学中改进教学方法，增强教学效果，提高人才培养质量。

## 一、3D 教学法的含义与特征

3D 教学法（Discussion，Dialogue & Debate），即运用讨论、对话、辩论的方式进行课堂教学。除了必要的课堂讲授外，3D 课堂教学模式要求在课堂教学中广泛使用讨论（Discussion）、对话（Dialogue）、辩论（Debate）的方式进行教学。研讨课（Seminar）是 3D 课堂教学模式的物化或课堂表现形式。[1]

研讨课（Seminar）最早见于 18 世纪教育家佛兰克创办的师范学校中。1737 年，德国著名学者格斯纳在德国哥廷根大学创办哲学研讨课，从而把研讨课引入到大学中。理科部在“厚基础、宽口径、高素质、强能力”的复合型人才培养目标指引下，为配合学校向综合性研究型大学迈进步伐，特开辟研讨课平台。后来柏林大学对研讨课进行了改造，把它发展成为一种基本的制度形式：教学——科研研讨班。在研讨课课程中，通过教师和学生畅所欲言的讨论、自由地发表意见，从而发现真理。[2]

德国的研讨课渐渐传到美国教育界。而对研讨课传入美国起

---

〔1〕 黄进：《关于国际私法教学的几点思考》，载武汉大学国际法研究所主办：《武大国际法评论》（第 1 卷），武汉大学出版社 2003 年版，第 314 页。

〔2〕 雷安军：《Seminar 源流及对当前法学教育的意义》，载《福建论坛（社科教育版）》2007 年第 2 期。

到很大作用的是当年留德的美国留学生。研讨课是当年美国留学生在德国考察学习的重要内容。19世纪20年代，哈佛大学留德学者蒂克纳等第一批留德学者学成回国，把德国大学中流行的研讨课介绍到美国。由此开始，研讨课逐渐成为美国大学一种重要的教学方法，成为美国研究生院中最普遍采用的教学形式。[1]

研讨课作为一种教学范式，具有使学科课程延伸的功能，能够扩大学生的阅读范围和提高学生的阅读水平，使得整个教学活动以学生自主型、主动型学习为主，能够提高学生的合作研究和表达能力。[2]

3D教学法以师生互动交流为特征，能够充分调动学生参与课堂的积极性。《论语·述而》："不愤不启，不悱不发，举一隅不以三隅反，则不复也。"这是孔子论述启发式教学的重要名言，对后世影响非常深远。在运用3D教学法进行课堂教学时，学生必须参与课堂教学，必然有动力把研讨的论题理解透彻，理解之后还要完善地表达出来。3D教学法恰恰能很好地契合孔子的教育思想。

3D教学法以教与学一体化为特征，教师不再是高高在上权威角色的扮演者，学生不再是知识的被动接受者，传统教学模式教师单向传授知识的弊端被克服。在运用3D教学法进行教学时，师生之间、学生与学生之间形成双向乃至多向的平等互动的教学场景，在这种场景中，教学相长、民主平等的师生关系得以构建。

---

〔1〕 刘宝存：《美国研究型大学一年级习明纳尔课程》，载《外国教育研究》2005年第3期。

〔2〕 马启民：《"seminar"教学范式的结构、功能、特征及其对中国大学文科教学的启示》，载《比较教育研究》2003年第2期。

总之，3D 教学法的关键在于通过在课堂教学中调动教与学、教师与学生两方面的积极性，特别是学生学习的积极性，加强师生之间的互动、对话、沟通和交流，从而促进教学相长，激发讨论、交流、争辩，达到学术目的。从本质上讲，3D 课堂教学模式是研究式教学或探究式教学。

## 二、3D 教学法的模块设计

传统上，我国法学教育以教师课堂讲授为主，辅之以少量课堂讨论。传统的课堂讲授方法受到了许多人的批判，将其形象地戏称为“填鸭式”的教学方法，而整个教学过程被归纳为“鸭子三部曲”，填鸭、烤（考）鸭、板鸭，学生将课堂中学到的知识在考试完结后全部返还给老师。[1]

笔者在教学实践中发现，传统的教学模式——“填鸭式”的教学方法来传授知识，存在学生缺少活力，缺少主动参与等弊端，让教师产生一种：“教师徒劳地把水灌进了筛子里。水可能是有用的，但却白白地流走了”的感觉，传统的教学模式不利于卓越法律人才的培养。时任北京大学校长蔡元培先生曾主张：“教育者，与其守成法，毋宁尚自然；与其求划一，毋宁展个性。”[2] 传统整齐划一的教学模式，不利于学生个性的发展，不利于因材施教。张文显教授在接受《中国大学教学》记者采访时认为，世界一流法学学科的普遍性特征之一是具有先进的教育理念……倡导自由学习，给学生留下充分的阅读讨论思考时间；学

---

〔1〕 胡晓红：《国际经济法教学模式改革思考》，载《高等理科教育》2004 年第 6 期。

〔2〕 喻本伐、熊贤君：《中国教育发展史》（第 2 版），华中师范大学出版社 1999 年版，第 545 页。

术上民主宽容，畅所欲言，发挥学生的创造性。[1]

教学的艺术最重要的是引起学生学习的兴趣，调动学生的积极性让学生自己去研究。采用3D教学法组织课堂教学，从教学活动的主体方面来讲，对研究专题具有背景知识的参与课程的师生均是教学活动的主体。3D教学法要求教师减少讲授时间，用最短的时间讲述本学科的主要内容，教师对于所研究专题进行概要式讲述，更多的时间指导学生掌握学习研讨的方法，提升学生学习的积极性与主动性，同时将本学科的经典文献推荐给学生，指导学生在阅读本学科经典文献的基础上，对本学科具有理论意义和实践意义的前沿问题进行思考。

3D教学法的模块主要由课前准备、主题报告、提问与辩论、总结与点评、课程考核构成。

课前准备环节，根据教学大纲和教学内容，师生共同确定讨论主题，进行教学设计，让学生提前阅读相关的文献资料，在此基础上，师生共同提出要研讨的问题，学生自行分组并在教师的指导下自主拟定发言题目并制作PPT。这一环节，要考察学生所选专题内容是否符合课程要求，是否能紧扣本课程前沿问题。

教师要组织学生课堂研讨进行主题报告，主题报告环节要考察学生的安排是否适当，对于所选专题的理论问题能否讲得清楚透彻，能否运用理论分析解决实务问题。

提问与辩论阶段，一名同学发言之后，教师可组织其他同学对发言的内容进行点评，教师亦可对发言内容进行分析和评价。提问与辩论阶段，主讲教师引导学生围绕主题报告中的焦点问题

---

〔1〕 周杨：《在科学和法治的轨道上推进中国特色世界一流法学学科建设——张文显教授访谈录》，载《中国大学教学》2017年第8期。

展开。课堂上的师生均可自由发言，将焦点问题的研讨引向纵深。

总结与点评阶段，主讲教师针对主题报告和提问辩论的内容进行简短、恰到好处的点评，凝练出课堂上的精华部分。

在课程考核方面，研讨环节的比重可占本课程总成绩的50%，期末考试或者结课论文占 50%。教师通过观摩学生的展示，综合评价学生对文献的把握、对问题的思考、PPT 的制作、语言的运用等方面，考察学生分析问题、解决问题、学术研讨交流等诸方面的能力，对学生研讨环节的成绩当场记录。

## 三、3D 教学法在研究生《国际金融法专题》教学中的运用

2017 年通过的《中国政法大学研究生课程设置与教学管理办法》指出："学校课程建设坚持立德树人宗旨，立足研究生能力培养和长远发展，以研究生成长成才为中心，以打好知识基础、加强能力培养、有利长远发展为目标，尊重和激发研究生兴趣，注重培育独立思考能力和批判性思维，全面提升创新能力和发展能力，着力构建由综合素质课程、专业基础课程、前沿创新课程、实践实习课程和学术视野课程组成的，有利于创新型、实干型人才脱颖而出的高水平课程集群。"《国际金融法专题》就是该课程集群中的一员。

《国际金融法专题》内容繁多，课程实务性强，是我校主要面向国际经济法方向的硕士研究生开设的专业选修课。国际金融法律体系是由一系列规范国际金融秩序和国际金融交易行为的国际金融条约、国际金融惯例、涉外金融立法等法律文件所构成的一个系统，是一门理论性与实践性相结合的法学学科。国际金融

法的体系主要包括国际金融法总论、国际金融组织制度、国际银行监管制度、国际货币制度、国际证券发行、交易与监管制度、国际结算与贸易融资制度、国际商业贷款法律制度、国际银团贷款法律制度、国际项目融资法律制度、资产证券化法律制度、国际融资担保制度、金融创新的国际监管制度、WTO 金融服务贸易制度等。

笔者尝试运用 3D 教学法组织《国际金融法专题》教学，根据研究生的研究兴趣，把国际金融法中某个前沿问题分派给特定的研究生，允许甚至提倡由两三名学生一起准备一个研究项目，共同设计选题、共同提出一个方案，注意对学生进行合作学习的训练，培养合作研究的精神，让其做好充分的准备，先阅读指定的书目文献，查找相关的资料，对问题的研究前沿有一定的了解，形成对这一问题的理解，并就该专题作主题报告，引导其他研究生在课堂上进行讨论、对话、辩论。

以存托凭证法律制度研讨为例，运用 3D 教学法进行教学时，主讲老师对存托凭证的制度框架与前沿性问题进行介绍与评述，然后选择对该专题感兴趣学生，组织三名同学针对存托凭证法律制度进行专题研讨。学生先后收集查阅《中华人民共和国证券法》《关于开展创新企业境内发行股票或存托凭证试点的若干意见》《存托凭证发行与交易管理办法（试行）》《关于上海证券交易所与伦敦证券交易所互联互通存托凭证业务的监管规定（试行）》等规范性文件，以及国内外关于该专题的文献资料。

2019 年 6 月 17 日，沪伦通存托凭证业务于伦敦证交所（下称“伦交所”）正式启动。沪伦通的推出标志着我国资本市场与国际资本市场的进一步接轨。中国存托凭证制度的推出，对于服务新经济，促进资本市场的开放和国际化意义重大。该项制度有利于国内投资者拓宽投资渠道，分散投资风险。〔1〕存托凭证属于契约创设型证券，其整体构建及相关主体间的权利义务都依赖于存托协议与托管协议的合理设计。〔2〕存托凭证对我国来说是一项重要的制度创新。

从法哲学的范畴来讲，如果将当代社会全部法学要素进行排列，则应该包括目标、原则、主体、客体、行为、责任和程序七项内容。在这七项要素中，目标和原则主要是价值型规定，通常不会形成完整系统的法学规范体系，其他内容则必须由法学规范构成。一个完整的法学规范，应包括主体、客体、行为、责任和程序五项要素。〔3〕主讲教师在引导学生进行课前准备时，提醒学生围绕主体、客体、行为、责任和程序五项要素对存托凭证法律问题进行准备。

主题报告阶段，报告人就存托凭证法主体方面，梳理出外国基础证券发行人及其董事、高级管理人员、中国存托凭证持有人、境内证券事务机构及信息披露境内代表、实际控制人、收购人；沪伦通存托凭证的存托人，中国存托凭证保荐人及其保荐代表人、证券服务机构及其相关人员；中国存托凭证做市商、从事中国存托凭证跨境转换业务的境内证券公司，从事全球存托凭证跨境转换业务的境外证券经营机构；保管银行、存托银行存托凭证投资者、投资银行、律师事务所、会计师事务所、监管机构等

〔1〕 薛皓：《中国存托凭证投资者保护机制的完善路径》，载《中国法律评论》2019 年第 2 期。

〔2〕 Mark A. Saunders, American Depository Receipts: An Introduction to U. S. Capital Markets for Foreign Companies, *Fordham International Law Journal*, 1993, Vol. 17, p. 48.

〔3〕 刘少军：《法边际均衡论——经济法哲学》（修订版），中国政法大学出版社 2017 年版，第 87 页。

主体。

存托凭证法客体方面，主要是存托凭证。根据原生财产和衍生财产理论，衍生财产是社会运行状态中的财产，是现实生活中财产的主要形式。[1] 经过研讨，我们得出存托凭证作为客体是一种衍生财产的结论。从证券法角度来看，衍生证券是以原生证券为基础，由原生证券或证券市场衍化而来的证券，也可以称之为证券衍生品。[2] 存托凭证是由基础证券衍化而来，经过进一步研讨，我们得出存托凭证作为客体是一种衍生证券的结论。

存托凭证法行为方面，主要有存托凭证发行行为；保管银行基于保管协议对基础证券的接收、保管、交付行为；存托银行基于存托协议对基础证券的名义上的持有行为；存托凭证上市交易行为；监管主体对存托凭证发行、交易过程中的监管行为等。

存托凭证法律适用方面，境外发行人的股权结构、公司治理、运行规范等事项适用境外注册地法律规则。我国法律规则要求境外发行人应当充分披露境外相关规定与境内相关规定的差异，以及依法落实保护投资者合法权益规定的各项措施。中国存托凭证保荐人、存托人及相关证券服务机构的权利义务适用中国法律。

由于中国存托凭证投资者保护机制是本专题研讨的重点之一，在专题研讨的提问与辩论阶段，主讲教师引导学生围绕中国存托凭证投资者保护机制展开。存托凭证投资人的权利主要包括合格信息获知权、流通存托凭证交易权、存托凭证交易决策权、

---

〔1〕 刘少军：《法边际均衡论——经济法哲学》（修订版），中国政法大学出版社2017年版，第198页。

〔2〕 刘少军：《金融法学》（第2版），中国政法大学出版社2016年版，第243~244页。

存托凭证收益获取权、投资利益保护权。其中，合格信息获知权是指投资人有平等地获知真实、准确、完整的存托凭证投资信息的权利，否则有权就因此造成的损失向责任人要求赔偿。

中国存托凭证本质上是境外发行人发行的基础证券。存托机构是基础证券发行人的证券持有人名册上的证券持有人。在证券为股份的情况下，境外相应的基础股份记录于存托银行名下，存托银行在法律上构成基础证券发行人的股东，有资格对发行人行使权利，但是，名义上的证券持有人往往会放任投票权的行使。这种做法导致基础证券发行人的行为不再受股东监督，从而诱发了基础证券发行人管理层的道德风险。基础证券发行人与存托银行之间的关系以存托协议约定为准。存托协议一般规定，基础证券发行人有义务向存托银行提供行使相关权利所需的信息。存托凭证持有人需要通过存托银行转递才能获得相关信息。在存托凭证法律制度的实践中，存托凭证持有人不实际占有境外基础证券，无法直接获取基础证券发行人的财务信息、股东大会资料等，自然处于信息劣势，投资者的知情权难以得到较好的保障。《存托凭证发行与交易管理办法（试行）》为融资参与型存托凭证设定了境外企业单独承担信息披露义务，无法为投资者知情权提供充分保护。存托凭证信息披露制度框架应构建以境外企业承担为主、存托人与托管人承担信息披露义务为辅的融资参与型存托凭证信息披露模式。我国需要从发行信息披露、上市信息披露、中介信息披露、契约性信息披露等方面完善存托凭证信息披露制度。[1]

〔1〕 蒋辉宇：《论我国融资参与型存托凭证信息披露模式的合理选择与制度完善——兼评〈存托凭证发行与交易管理办法（试行）〉中的信息披露规则》，载《政治与法律》2019年第1期。

存托凭证特殊的法律结构和跨境运作特征给传统证券虚假陈述民事责任理论带来了新挑战。经营性虚假陈述人具体应承担的财产责任，主要是对虚假陈述直接受侵害人的财产补偿责任，以恢复因其虚假陈述行为而被破坏的利益均衡。[1] 存托凭证的运行涉及基础证券发行人注册地法域、投资者所在国法域，基础证券的发行地和虚假陈述的侵权行为的发生地与存托凭证的发行地和交易地作为虚假陈述侵权行为损害结果的发生地分处上述不同法域。此外，如果基础证券发行人同时在多个国家和地区发行存托凭证，那么多个法域都可能被牵涉进来。因此，存托凭证可能带来较严重的管辖权和法律适用冲突。对于存托凭证信息披露文件中的虚假陈述行为，责任主体的确定存在模糊地带，民事责任实现机制也面临挑战。[2]

另外，存托凭证发行交易机制复杂导致投资者权益保护存在风险，司法管辖权冲突使投资者权益救济面临困境，跨境诉讼成本、取证、胜诉判决的执行诸方面，投资者均处于不利境地。[3] 为保护存托凭证投资者的合法权益，相关法律制度需进一步明确发行人、存托机构、托管机构对投资者的义务和职责，构建存托凭证发行交易中的域外管辖权，建立存托凭证投资者团体保护机制和经济公诉制度。

在专题研讨的提问与辩论阶段，主讲教师引导学生对规范存托凭证的沪伦通规则进行了分析。我国的相关制度与国际主要资

---

〔1〕 刘少军:《金融法学》(第2版)，中国政法大学出版社2016年版，第267~268页。

〔2〕 吴维锭:《论中国存托凭证投资者保护机制的完善——从虚假陈述民事责任角度切入》，载《南方金融》2019年第11期。

〔3〕 薛晗:《中国存托凭证投资者保护机制的完善路径》，载《中国法律评论》2019年第2期。

本市场实践存在很大差异，呈现出临时性、过渡性的特点。在沪伦通规则中，我国设立了跨境转换制度。[1] 跨境转换制度、禁止发行新股融资制度不具备长期实行的基础，是我国试图解决路径依赖问题而采用的短期性、过渡性措施。目前，我国规范存托凭证的规则，具有“临时法”（temporary law）的属性。[2] 临时法规则具有“法律实验主义”的功能。[3]

## 四、3D 教学法在法学研究生教学中的推广应用

3D 教学法确立了多向互动教学模式，使教学活动以学生自主型、主动型学习为主，能够充分调动学生学习的积极性。师生能够围绕交流主题，针对报告人的发言和教师的学术评述，进行学术辩论与交流。所有成员均可以向报告人提问，对报告命题提出自己的不同观点，对报告人及先前的发言者的观点、论据提出批评意见、辩论；报告人及先前的发言者也可以进行解释、补充甚至反批评。从 3D 教学法实施的实际情况来看，学生提问踊跃、争先恐后，报告人回答到位、有条不紊。学生与报告人之间、学生与学生之间有时观点针锋相对、论辩精彩激烈。这一部分，将充分展示研究生的学术积累和思辨才智，是课堂教学中最精彩的部分。

笔者发现在充分准备之后，运用 3D 教学法组织课堂教学，

---

〔1〕 详见《关于上海证券交易所与伦敦证券交易所互联互通存托凭证业务的监管规定（试行）》第 10 条的规定。

〔2〕 唐应茂：《沪伦通及其跨境转换制度：临时法角度的初步分析》，载《环球法律评论》2019 年第 6 期。

〔3〕 See Tom Ginsburg, Jonathan S. Masur and Richard H. Mc Adams, “Libertarian Paternalism, Path Dependence, and Temporary Law”, *University of Chicago Law Review* 81, 2014, p. 291.

学生能对研讨主题进行热烈的讨论，能激起学生的思想火花，新的思想得以形成。3D教学法在培养学生的科研能力、培养学生独立思考和解决问题的能力、激发学生的主动探索和研究精神等方面效果良好，有利于卓越法律人才的培养。

3D教学法确立了“师生共同探索，多向互动”教学模式，教学过程中同时运用教材和课外文献，既重视课堂教学也重视课外教学，以知识、能力、品质三位一体为目标，以学生会学为中心，有利于克服传统教学模式的弊端。3D教学法具有能够通过互动式教学提升学生合作意识的作用。3D教学法是在“自由”的条件下，在合作的环境中，发挥每个人的独创精神，能够充分调动学生的积极性与主动性，让所有人的聪明才智最大限度地在学术事业中发挥出来，在研究生课堂教学中，具有推广价值。

## 五、结论

3D教学法本质上是研究式教学或探究式教学。主讲教师运用3D教学法组织《国际金融法专题》课堂教学，取得了良好的教学效果。3D教学法具有民主性、研究性和学术性的独特品质，能够实现教学和科研的统一。3D教学法具有成熟的教学模块，值得在研究生课堂教学中推广。

# 应急法治教育的通识课教学模式探索

◎徐丽枝*

**摘　要：** 疫情的依法防控需要提升全社会的应急法治意识。我国高校普遍缺少该类课程。通识课教学模式具有灵活性、学生多样性、影响面广等优势，能够适应应急法的综合性强、范围广、内容多和不稳定等特点。以专题方式进行的通识课程教学实践，以问题为导向促进学生自主探索，以小组讨论、轮流发言的合作学习方式激发学生的学习热情，在教师的主持、引导下，采用线上线下的立体化教学方式促进了课堂内外知识的相互融合，有效延长了教育时间，取得了良好效果。

* 徐丽枝，女，法学博士，山东财经大学法学院讲师、硕士生导师，研究方向为行政法学、网络信息法学。

**关键词：** 应急法治　通识课　教学模式　课程

## 一、问题的缘起

针对新冠肺炎疫情，党中央提出要依法防控，运用法治思维、法治方式实现应急管理的现代化，构建科学高效的防控体系。疫情防控的良好效果也证明抵御风险和消除危机必须依赖全民守法的基础作用。不过，抗击疫情中存在的一些问题也表明公民的应急法治观念需要加强，应急法治教育应该列入我国的教育日程。高等教育应该为应急体系建设提供最根本的保障，不仅要培养能够处置各类突发事件的公共管理者和决策者，还要培养能够在自然灾害、突发事故、社会群体性突发事件中遵守法纪、明辨是非，能维护社会公益的现代化公民。其中，法学教育具有提供法治思想和法治理论支撑的使命，具有引领社会价值观，弘扬社会法治文化的功能〔1〕。作为将来的社会管理者和各行业的主力军，大学生的应急法治意识和法治水平对实现我国应急法治，甚至社会治理现代化具有决定性意义。

在疫情暴发后，全部课程改为线上授课，教学方式的立体化扩大了教学空间。为了引领学生关心社会，探索高效的应急法治教育方法，在原有法治教育通识课的基础上，调整了课程内容并进行了教学实践，取得了良好效果。本文将阐述为何采用通识课教学方式开展应急法治教育，并进一步介绍具体的教学实践与反思。

---

〔1〕 徐显明：《高等教育新时代与卓越法治人才培养》，载《中国大学教学》2019年第10期。

## 二、应急法治教育采用通识课教学模式的优势

### （一）应急法的特征

高科技下的现代社会成为一个“风险社会”。随着互联网的发展，信息传播呈现迅速、广泛的特点，突发事件频发，且往往产生“蝴蝶效应”，甚至演变成综合性社会危机，风险防控的难度加大。在此背景下，为了应对突发事件处置中国家与公民及公民之间的权利义务关系，制定了相关法律规范。以《中华人民共和国突发事件应对法》（以下简称为《应对法》）实施为标志，我国的应急法制体系已基本确立，并呈现以下特点：

第一，应急法具有综合性、交叉性。应急法制涉及行政管理、宪法、行政法、民法和刑法等多个法学部门，还会关联到环境、医疗、矿产等其他学科知识。政府应急管理部门对突发事件的预防和事后的管理都属于行政法律关系；突发事件处置中的戒严措施，或者对公民权利的限制关涉宪法关系；对安全事故中违法行为责任的追究又涉及刑法或刑事诉讼法的运用。应急法制成为一个跨度较大的交叉学科。

第二，应急法内容庞杂，涉及面广。我国的应急法制体系既有关于应急管理的基本法律制度，如《应对法》，也有特殊情形下针对某一突发事件的法律制度，如《中华人民共和国传染病防治法》《中华人民共和国防震减灾法》；在“一事一法”中还会包括法规或规章形成的“一阶段一法”，如《汶川地震灾后恢复重建条例》。此外，应急法律体系还包括与应急管理相关的法律制度，如《中华人民共和国环境保护法》等。

第三，应急法具有不稳定性。稳定是法律的基本特征之一，

但是，突发事件具有广泛的不确定性、破坏性和紧急性。每一次突发事件的应对都需要根据当时的具体情况灵活处置，这给相应的成文法带来冲击，导致法律出现滞后和不适应。为此，每次突发事件后，人们都会及时反思，根据新的经验教训修改相关的应急法律。

### （二）通识课教学模式的优势

普遍认为通识课教育源自古希腊的自由教育，其实，我国古代的教育也具有通识课教育的内涵。[1] 其目的在于培养德才兼备的合格公民。通识教育的“通”包含着融会贯通的理念，意味着通识课学习应该消除专业、学科之间的隔阂；“识”的内涵主要是指认知，体现为学生能把在通识课学习过程中所获得的技能，应用于另外的情境当中。[2] 英国教育家纽曼认为大学应该对学生实施博雅教育，学习知识不是心智训练的真正目的，“作用于知识的思想或者理性”才是博雅教育的恰当目的。[3] 就应急法的上述特征而言，通识教育模式比专业教育更有优势，更能实现应急法治教育的目标。

首先，课程方式更灵活，内容涵盖量大。通识课可以采用主题式教学，以事先设定的议题为核心，通过跨法律部门，甚至跨学科的角度来分析、解决问题，教师起到主持、指导和深化的作用，能打破传统的学科限制，引导学生联系不同课程知识以问题为中心扩展思维。目前，我国还没有应急法的国家教材，而疫情

---

〔1〕 周谷平、张丽：《我国大学通识教育的回顾与展望》，载《教育研究》2019年第3期。

〔2〕 殷冬玲、朱镜人：《古希腊自由教育思想的嬗变及对英国大学通识教育的影响》，载《高教探索》2015年第12期。

〔3〕 ［英］约翰·亨利·纽曼：《大学的理念》，高师宁等译，北京大学出版社2016年版。

的防控将进入常态化，亟须普及应急法治方面的教育。大学的通识课教育已经转变为一种融通教育，成为综合素养和能力教育。[1] 教师整合不同法律规范，用通识化的语言向非法学专业的学生讲授法律知识，传递法治意识，以拓展学生视野、培养学生的法治素养为目标，不偏重于具体知识的识记，可以不需要教材。

其次，学习方式更立体化，学生的主体性突出。教师充分利用网络，在班级 QQ 群或微信里发布任务，包括阅读材料和问题，促使学生主动研究。学生可以综合利用慕课等学习平台和网络、媒体去搜集资料，形成自己的认知和理解。教师利用互联网线上集中讲授并与学生对问题进行研讨。线下，师生通过班级群随时进行讨论和信息的交流。在教师引导下，学生从自主探索到探究式讨论，再到互动交流，提升了教学过程中学生的主体性和参与性。这样既能打破时空的局限性，突破单一课堂教学的时间限制，又有利于学生不断追问，强化了学生的独立思考能力。

最后，思政教育效果更好，学生的法治素养得到提升。通识课面向全校学生选修，可以容纳不同年级、不同学科的学生，一个班的学生有不同的视角和思维方式，在讨论中有较激烈的观点碰撞，能有效激发学生的参与热情，锻炼其批判性思维能力。应急法是维护社会秩序的法，每一个社会主体都需要在突发事件中积极履行义务，不滥用权利。全社会高度凝聚、共同应对是战胜一切风险和危机的法宝。通识教育以塑造具有公共精神的现代公民为目标，学生通过多种媒介获取不同视角的信息，对危机中的

---

〔1〕 别敦荣、齐恬雨：《论我国一流大学通识教育改革》，载《江苏高教》2018 年第 1 期。

个人行为、个人与社会的关系和人与自然的关系进行反思和评价。既在搜集资料的过程中拓宽了学生的视野，又在多次的讨论、辩论中培养了学生的逻辑和自省能力，促进学生对社会公共利益、平等、秩序、责任和自我的理性认识。具有“理性认知”和高度社会责任感的公民是维系社会心理稳定，抵抗灾难风险的关键。[1]

## 三、应急法治教育通识课教学模式的具体实践

在疫情防控中，个别地方出现“一刀切”式的粗暴应对做法，表明实践中应急法制难以得到真正落实。风险治理能力的现代化离不开应急法律知识的普及和公民应急法治意识的提高。为此，作者利用通识课程的优势进行了一学期的探索实践。

### （一）课程实施方式和目标

在无教材、时间有限的条件下采用了立体化的教学方式拓展学习空间，主要工具是腾讯会议直播和班级QQ群辅助。考虑到作为公选方式的通识课，全校学生不分文理科都可参与，学生的知识基础不同，为了激励学生积极主动的思考，采用结合真实案例进行研讨的方式。每一次课都要经过三个阶段：

第一，课前讨论。教师需要用较多的时间和精力来备课，要慎重选择整个课程的教学内容，然后，提前根据上课主题做好课件（PPT）并设计好每一次课的议题，再围绕主题收集合适的素材。需要对所收集的文字、图片、视频进行剪辑、拼接，以突出主题、节约时间为目标，把做好的素材包括案例视频提前发到班级群里，并给出准备讨论的问题；学生每五人分为一组，课下自

〔1〕 洪成文：《教育应对疫情防控大有作为》，载《重庆高教研究》2020年第2期。

行讨论并形成本组意见，由小组代表（轮流担任）陈述观点并录音发送到班级QQ群，师生提前了解大家的看法。

第二，课上讲授并答疑。线上直播授课时，教师先对与主题相关的法律规范用PPT展示并讲解，然后，结合法律规定、法律精神和价值对小组研讨的结论逐一进行点评，注意引导学生从法律视角看问题，扩展学生的法治视野，培养其法治意识。同时，利用腾讯会议的聊天功能，学生提出疑问或对点评进行补充，老师予以反馈，或者师生在线继续讨论。

第三，课后巩固交流。课后，教师对与授课内容相关的观点、事件继续关注，并分享到班级群，师生可以继续发表看法。通过举一反三，巩固所学法律知识，“升华”学习效果。

采用这种课程内外相互融合的立体化教学方式，在普及应急法制的基础上，通过对生活中实际案例的分析，引导学生对风险防控中的个人利益与社会利益、生存与发展等问题进行思考，明确公民在面对突发事件时的权利义务，培养学生的应急法治意识和家国情怀。

### （二）课程基本内容与要求

应急法制是突发事件引发公共紧急情况时，关于如何处理国家权力与公民权利之间、公民权利之间等社会关系的法律规范的总和。[1] 以不同类型的突发事件为标准，以应急管理中公民权益与国家权力之间的关系为线索，把课程内容分成五个教学专题，基本内容和要求如下。

专题一：我国的应急法制。以我国《应对法》为主要内容，让学生了解应急法的性质、特征和体系，理解应急法制中的法治

〔1〕 马怀德主编：《应急管理法治化研究》，法律出版社2010年版。

原则、权力优先原则、人权保障原则、信息公开原则和比例原则。以“疫情防控中部分城市的交通管制措施”为讨论议题，对上述原则进行深入理解。

专题二：突发自然灾害事件中公民的权利义务。以《中华人民共和国防震减灾法》《中华人民共和国大气污染防治法》《中华人民共和国环境保护法》和《中华人民共和国野生动物保护法》为主要内容，并结合其他相关法律法规，让学生了解法律保护的范围，辨明生活中的一些违法行为，思考作为现代公民应该如何敬畏自然，防控灾害事件的发生。以“松花江重大水污染事件”和“汶川大地震”两个事例为议题，理解自然灾害中公民行为的法律评价，明确个人应该依法自觉履行环保义务。

专题三：突发事故灾难事件中的公民权利义务。以《中华人民共和国安全生产法》为主，并结合《中华人民共和国消防法》和《中华人民共和国建筑法》等相关法律规范的内容。让学生了解生产经营单位的安全保障义务和事故的应急救援程序，理解法律对预防事故发生的要求和对相关人员的救助保障制度。以“天津港爆炸事故”为例，并让学生对我国近十年来的事故灾难进行汇总，查看事故发生的原因，讨论企业的社会责任和个人的公民责任。

专题四：突发公共卫生事件中公民的权利义务。以《中华人民共和国传染病防治法》《突发公共卫生事件应急条例》为主要内容，并简要介绍《中华人民共和国食品安全法》《中华人民共和国动物防疫法》。让学生了解公共卫生事件的界定，以及我国法定的应急处理程序和制度。以“新冠肺炎疫情”为例，讨论政府的应急举措、抗疫英雄事迹和个别公民的不良表现，通过对比，讨论“人民至上”的内涵和精神，体会面对灾难时抗疫英雄服务社会的奉献精神，明确灾难中的公民应有自律意识、规则意识和维护社会公益的责任感。

专题五：突发社会安全事件中公民的权利义务。以《中华人民共和国国家安全法》《中华人民共和国网络安全法》和《中华人民共和国反恐怖主义法》为主要内容，了解维护国家安全的几个方面和职责，理解紧急状态下公民的义务和权利。以“华为事件”[1] 和香港国安法的实施为例，了解网络环境下新的违法犯罪形式，树立新时代的国家安全观，增强学生依法保障国家安全的意识。

### （三）课程的重难点与考核

课程分为五个大专题，涉及内容广泛，知识点较多，重点是普及我国应急法律知识，促进学生对应急法治规则与精神的理解和把握，强化学生的义务和责任观念，培养应急法治意识，提升用法律视角看问题的能力。现代法学教育模式既有理性化也有经验化，既有演绎推理也有归纳推理。通过综合利用理性化与经验化的模式，对不同类型的突发事件进行分析，演绎或归纳出应急状态下依法防控的重要意义，以及公民个人与社会秩序、国家安全等公共利益之间的冲突与平衡。

课程的难点在于课堂讲授时间有限，要实现精讲需要对相关法律知识进行取舍和提炼，如关于突发公共卫生事件的法律有好

---

〔1〕“华为事件”指美国为了遏制中国高科技的崛起，以国家安全为由采取的一系列针对华为的动作。包括禁止5G网络建设采用华为设备，将华为列入贸易特殊名单（实体名单）和“孟晚舟事件”，即2018年12月1日应美国的要求，加拿大警方逮捕了华为公司首席财务官孟晚舟，且计划引渡到美国，意图以孟晚舟为筹码打击华为。

几部，不可能在两个课时的时间内全部讲完，但这些法律的基本原则具有共性，公民的权利义务有相似之处，因此，上课时在横向对比阐述几部法的基本原则后，围绕医疗机构、企业的责任和行政机关的权力、责任，以及公民的权利和责任，结合相关案例进行讲授。最大的难点在于如何在有限的时间内把分散且枯燥的法律规范转化为学生对相关法律制度的理解，从内心认同其中的法治精神和道德价值，并最终落实到守法、用法的行动上。为此，本次课程结束后，班级QQ群并没有解散，在以后的时间里，会继续把应急法律知识或相关案例转发到群里，继续与各位同学讨论，延长教育的时间，争取把应急法治意识逐渐渗透到学生的生活中。

不同于以往的教学过程，本次课程提前布置考核任务。教师设计了“应急法治意识调研”问卷，第一次上课前就发到班级群，要求学生进行问卷调查并在课程结束后以问卷调查结果为基础结合所学、所悟完成命题论文。此外，课程考核比较灵活，采用定量考核与定性考核相结合的方式，学生平时参与问题讨论的“出勤率”占成绩的20%，主题讨论的质量占20%，（质量判断的标准主要是看小组观点陈述的深度、广度和与相关法律的联系程度），最后是课程论文的完成质量60%（判断标准是论文的规范性和内容的完整性）。

## 四、结论与反思

疫情防控期间就暴露出我国高校缺少防灾、防疫类课程，不能满足当下社会治理的需求。本课程是对应急法治教育的教学实践，旨在通过事例、问题与法律的联结将应急法治教育融入通识课教学模式中，是对传统法治教育内容的一次创新。互联网时代的大学教育不是“一本书的大学”，课程教学不是必须采用教材。[1] 只拘泥于课本知识，易导致学生缺乏问题意识，学习呈现表层化，不利于法治意识的培养。本课程没有采用固定教材，而是以问题作为探究性学习的逻辑起点，以案例和讨论、评价激发学生的学习热情，引导学生用法律思维剖析事件，以培养具有应急法治意识的现代公民为目标。线上引导、反馈，线下自主研讨的立体化教学方式和多种教学法对于教学目标的实现具有推动意义。学期结束时，学生们提交了“大学生应急法治意识调研报告”的论文，完成质量较好，绝大多数学生做了相关问卷调查，谈了学习后的感悟和对我国应急法治的理解，内容比较充实。

本次实践还存在一些问题有待解决，一是投入太大，没有统一的教学大纲和教材，教师需要花费很长时间，占用很大的精力去收集资料、汇总和提炼，还要时时关注班级群，注意学生自主探讨的进展，随时解答学生的问题；二是学习效果的持续性问题。法治意识的培养是一个长期的过程，本课程考核结束后如何继续吸引学生参与、关注与讨论应急法律问题，还需要继续努力实践。期待本次教学实践可以为高校应急法治教育的实施和推广提供一定的经验或启发，为大学生法治教育的革新提供有益试验。

---

〔1〕 别敦荣:《大学教学改革新思维和新方向》，载《中国高教研究》2020 年第 5 期。

# 高校法学专业开展课程思政教学改革的探索[*]

◎钱洪良[**]

**摘　要：** 高校法学专业开展课程思政教学改革，有助于法科学生形成正确的法治观，培养良好的法律职业素养；在课程思政教学改革中存在着三个突出问题，即思政元素与法学教学模式的选择问题、与法学教学内容的融合问题、与法学教学效果的测评问题。为此，探索法学专业课程思政教学改革，需要借鉴 OBE 理念进行课程设计，拟定教学目标和教学大纲；做好课程思政的整体设计，融汇思政的专业课让学生入耳入脑入心入行；

* 基金项目：燕山大学教学研究与改革项目，“比较诉讼法”课程思政教学研究与改革（2019KCSZ13）。

** 钱洪良，女，辽宁阜新人，燕山大学文法学院教师，南京大学法学院诉讼法博士，讲师，主要研究方向为刑事诉讼法、证据法。

对不同学习行为的类型进行过程和结果测评，结合不同的教学目标进行不同方式的测评。

**关键词：** 法学教学　课程思政　育人目标

2019年3月18日，习近平总书记主持召开学校思想政治理论课教师座谈会并发表重要讲话，强调落实立德树人的根本任务，培养德智体美劳全面发展的社会主义建设者和接班人。高等教育要坚持把立德树人作为教育的中心环节，思想政治工作不仅仅是在思政课堂上进行，更要贯穿教育教学的全过程，实现全程育人、全方位育人。因此，专业课的教育教学中开展思政教育成为思想政治教育必不可少的非常重要的阵地。审视我国的高等教育，一直以来思政教育还主要是在传统的马克思主义、毛泽东思想等政治课程中进行，大学生们对此类课程或是因为课程内容的枯燥，或是授课方式的局限性等往往有种排斥心理，使得传统政治课程所欲实现的思政教育的效果甚微，学生们以考试及格为目标，很难产生内化效果。2016年12月7日至8日，习近平总书记在全国高校思想政治工作会议上强调，要充分利用各类课堂开展课程思政，各门课程都应当在“守好一段渠、种好责任田”的同时，与思想政治理论课同向同行，形成协同效应。高校法学专业在全面依法治国的背景下，亦应使法治教育与思政教育并行，实现新时代法学教育的目标。

## 一、法学专业课开展课程思政教学改革的必要性

### （一）有助于学生形成正确的法治观

习近平总书记指出：“法治是人类政治文明的重要成果，是

现代社会治理的基本手段。”[1]党的十九大报告明确要求：“全面依法治国是中国特色社会主义的本质要求和重要保障。”在全面依法治国成为我国国家治理体系和治理能力现代化重要组成部分的背景下，大学生作为社会主义建设者和接班人，肩负着推动国家法治建设进程的重要使命，培养大学生的法治意识，增强社会主义法治观念，形成尊法、守法的法治思维，提升用法的法治能力，对社会主义法治建设及大学生自身的健康成长具有重要的意义。

课程思政与传统的思政课程不同，法学专业的课程思政教育是在法学专业知识的教育中渗透进社会主义的价值观，更有针对性地以依法治国为出发点，培养未来法治中国的接班人和建设者。为此，教师需要敏锐挖掘法学专业知识中关键的核心的思政元素，充分反映和融入社会主义价值观，体现全面依法治国的精髓，提高法科学生的法律信仰。

在以往的法学专业课教学中，教师和学生关注的是法学理论知识的学习及掌握情况，更多地关心学生从事法律职业的能力培养。随着课程思政教学改革的开展，教师会潜移默化地输入思政元素，春风化雨般地将思政元素，渗透进法学专业的教学中，学生所学习的法学专业知识不仅仅是表层的法学理论，更有深层次的法学理论产生的背景，亦有法学理论所蕴含的中国特色社会主义法治观。在这种潜移默化中，学生正确法治观的形成水到渠成。

---

[1] 习近平：《坚持合作创新法治共赢 携手开展全球安全治理——在国际刑警组织第八十六届全体大会开幕式上的主旨演讲》，载《人民日报》2017年9月27日，第2版。

### （二）有助于学生形成良好的法律职业素养

2017年5月3日，习近平总书记在中国政法大学考察时提出，一定要坚持中国特色主义法治道路，实现德法兼修，培养出大批高素质法治人才，为实现伟大民族复兴而贡献力量。在高校法学专业开展课程思政教育的过程中，学生们学习到的法学知识包含了思政元素，这样的法学教育就是法学专业知识与人才综合素养培养的结合，特别强调德法兼修的育人理念。可以说，法学专业开展课程思政既可以提高学生法学知识的储备，又能够在坚持立德树人的教育理念下，使学生形成良好的法律职业素养。

法律职业道德是法律职业共同体普遍遵守的行为规范和行为准则，是法律人的行为底线，代表着法律人的职业尊严，恪守法律职业道德对维护社会公平正义、保障合法权益以及维护法律的权威都具有重要意义。近年来的司法腐败现象，或多或少地冲击着法科学生和法律职业人对法学和法律的信心。我们可以看到，这些司法腐败案件的背后无不是法律工作者对法律法纪的认知不深，法律职业素养缺乏，自身定位不准，面对诱惑禁不住考验。因此，法学专业开展的课程思政能够从思想意识上重视未来法律职业者的道德素质，利用学校这个良好的教育环境从多角度融入“法政”元素，围绕社会发展有针对性地培养法学专业人才。

## 二、法学专业课开展课程思政教学改革中的问题

### （一）如何添加“佐料”做好“汤”——思政元素与法学教学的模式问题

课程思政被形容为“盐溶于汤”，把思政之“盐”溶入教育之“汤”。笔者将思政之“盐”更为广义地理解为“佐料”。如

何添加“佐料”做一锅专业课的好“汤”，也即这些“佐料”如何能够真正溶于“汤”之中的问题成为课程思政教学改革中的首要问题，而这个问题集中表现为课程思政教学模式的选择。

法学教学模式的选择常常会受到国家法律文化传统以及传统立法模式的影响。我国传统上强调礼法合一，重国家、轻个人，重义务、轻权利，重结果、轻程序。从立法模式上看，我国更倾向于大陆法系的模式，即以“概念、范畴、原则、规范”为基本元素和学习对象的理论教育体系。[1] 这种模式实际上在现在的法学教学中也是最主要的方式，教师授课、学生听课，是我国法学教学中的主导方式。学生们的学习更注重对现行法律规定的学习和理解，更突出按照一定的方法进行解释和如何适用的掌握。当然，很多高校开始学习借鉴英美法系的教学方式，引入了“案例教学”，被称为“经验性法学教育模式”，但成效不一而论。但不论是何种教学模式，在教学中能够有意识地将中国传统文化及社会主义价值观的内容融进法学专业课教学中可谓少之又少，可以说，在我国传统的法学专业课教学中，课程思政教育一直未得到关注，更不会得到有效展开。故此，法学教学与思政教育泾渭分明，法学专业学生对法学理论的僵硬掌握，一方面在步入社会后面对现实生活的需求很难适应；另一方面，缺乏意识形态上法学思政教育，道德精神上虚无，更容易忘却法律本来的公平正义铤而走险，误入歧途，知法犯法。

课程思政教学改革，是要将思政元素嵌入专业课的教学中，学生们是在学习专业课的同时受到的是一种思想和精神上的熏

---

〔1〕 赵志伟：《我国高校“课程思政”的脱嵌性问题研究——以社会科学类课程为例》，载《中州学刊》2020年第4期。

染，因此其本质更倾向于以一种基本立场和方法，并不是思想政治科学中的具体知识点。法学专业开展课程思政教学，是将两种不同类别和不同内容在一个课堂呈现出来，一方面需要教师的精心且巧妙地设计，另一方面也需要学生能够接受并认可，但这两个方面均存在一定的难度。在本人所承担的《比较诉讼法》课程思政教学改革的实施过程中，这个问题是非常突出的。很多研究课程思政的学者认为这是专业课和思政教育的“两张皮”现象。本人认为，所谓的“两张皮”现象是这个问题的表象，深层的问题在于思政教育与专业知识在育人方面是同向的，为什么会出现不能合而为一的效果呢？这很大程度上还是与我们教师的教学模式的选择有关，法学教师一贯理论满溢于课堂无形中无法容纳进思政教育，刻意加入更显突兀。

可见，为了做一锅“好喝的汤”，“佐料”的添加非常重要。这里的问题就是为了“课程思政”而课程“思政”。为了进行课程思政的教学改革，教师精心梳理思政元素，进而将专业知识与思政元素搭配讲授，在章节中穿插思政元素。很显然，这是一种显性的思政教育，一种浮在表面上的“课程思政”，是对“课程思政”的被动接受。在法学专业课程中，思政思想是专业内容的自然升华，专业课堂教学不会有过重的思政痕迹，但会起到极好的思政育人效果。因此，法学教师的教学模式在课程思政教学改革中应该适时调整，探索如何将思政教育的元素有机溶于法学理论中，让法学理论多姿多彩，“佐料”与“汤”融为一体。

### （二）如何调配“佐料”做“鲜汤”——思政元素与法学教学的内容问题

添加的“佐料”能溶于“汤”，要靠选好“厨师”、增强

“厨艺”，专业课教师挑起“思政担”，在做讲授专业课上能“守好一段渠、种好责任田”。这里关键的是所选择的“佐料”是不是能给“汤”增味，做一锅“鲜汤”，具体来说即为思政元素与法学教学的内容问题。

社会科学类课程所授知识中本就或显或隐地承载着思政元素，开展“课程思政”实际上也是对社会科学类课程内嵌价值的挖掘和体现。正因为此，法学专业开展课程思政改革就有了先天的优势，似乎课程思政教学更为容易。但就是这个专业课程本身自带思政元素的特征，使得法学专业开展课程思政又显得困难。笔者本人参加了学校第一届课程思政教学比赛，其中是将“中国特色社会主义法治”元素融入了课堂教学中。有评委认为“法治”这个元素本身就是法学专业课的内容，根本谈不上融入了思政元素。可见，法学专业课的教学似乎有“皆思政”的意味，这锅“汤”虽然加了“佐料”但给人的感觉不“鲜”。普遍的问题在于内容上的“脱嵌”现象。

法学具有很强的理论性，“权利”“义务”和“责任”是基本范畴，“公平”“正义”“平等”等为基本原则。“课程思政”要求教师将思政元素融入专业知识的教学中，通过潜移默化、润物无声的方式发挥对学生的认知、情感、态度和价值观的正向影响，引导其成长和成才。因为法学专业知识中自带思政元素，法学教师甚至如笔者上文所述的其他老师都可能认为上好法学专业课程本身就是“课程思政”。在这种认识下，教师和学生都会对专业知识片面性重视，但专业性知识在传递给学生时因缺乏正确价值观的指引而产生反效用，很难真切感受到思政教育传递的价值，人文素养的提升无法达成。

### （三）如何汲取“鲜汤”营养——思政元素与法学教学的效果问题

选配好“佐料”添加入“汤”后，这锅“鲜汤”是否能够满足受众学生的口味，并且使其吸收“鲜汤”的营养，这就是法学课程思政的教学效果如何评估的问题。有学者在其撰文《深化河北高校课程思政建设的关键问题与解决路径》中指出：将“课程思政”等同于“课堂思政”，将“专业知识传授与价值引领相结合”简单等同于“在专业课中加一点思政元素”，甚至等同于在课堂上讲授人生感悟。教学目标不明确，“课程思政”并未真正在教学设计中体现，没有形成严谨的教学体系。〔1〕这里实际上最终体现的仍然是课程思政教学效果的评估问题。

考虑到当前大学法学教育的对象主要是90后、00后的大学生，这一代学生较为关注对自己未来“有用”的知识，而对于哲学、政治学等理论性强，体现宏大叙事的学科兴趣不大。其原因是多方面的，对于我国而言，政治快速满足其实际利益需求的可能性并不大。〔2〕同时，在现代社会，飞速发展的经济，社会价值多元化和多样化，一些不良思想如个人主义、享乐主义等不可避免地冲击着青年人对社会上主流意识形态的政治认同感。而思政教育正是以哲学、政治学等思政政治课为载体，很容易使大学生产生抵触情绪，认为没有用的不值得去听去学。教师精心选配的“佐料”熬制好的“鲜汤”，学生们会感到索然无味，更不会从其中吸取什么营养。因此，思政元素融入专业课之后的效果需

---

〔1〕 文晶晶、李墨：《深化河北高校课程思政建设的关键问题与解决路径》，载《共产党员（河北）》2019年第22期。

〔2〕 李磊：《法学类课程开展课程思政的进路研究——以民法学中“农村土地承包经营权”的授课为例》，载《攀枝花学院学报》2019年第6期。

要有具体且有操作性的评估，让学生有所感、有所悟。法学专业课程思政更为如此。法学是理论与实践相结合的学科，这些可能成为未来法律职业人的学生更关注学习知识的有用性，思政元素的融入也会使学生们产生如上所述的感觉。

习近平总书记强调指出："高校哲学社会科学有重要的育人功能，要面向全体学生，帮助学生形成正确的世界观、人生观、价值观，提高道德修养和精神境界，养成科学思维习惯，促进身心和人格健康发展。"[1] 对此，教师需要在教学改革之前，做好课程的教学大纲、教学设计及教学效果等方面的准备，其中的教学效果主要体现在考核方式和考核结果方面。教师采取何种方式不限，但要时刻关注对学生所产生的影响，以便达到思政教学目标。

## 三、法学专业开展课程思政教学改革的路径——燕山大学《比较诉讼法》课程思政案例分析

### （一）精制菜谱做"好汤"——借鉴OBE理念进行课程设计

要想做一锅法学专业课程思政的"好汤"，首先要做的就是精心研制一个适用性强、营养丰富的菜谱。菜谱的研制需要考虑对象的针对性，并针对对象进行营养调配。这就是课程思政教学改革首先进行的课程设计，对此，OBE提供实践的必要性和可行性，具有非常好的借鉴价值。

1994年，美国学者威廉姆·斯巴迪 系统阐述的OBE是"基于结果"的教育，组织实施包括课程、教学和评估的整个教育系

---

〔1〕 参见习近平：《在哲学社会科学工作座谈会上的讲话》，载《人民日报》2016年5月19日，第2版。

统，学生在学习活动结束时能够获得预期结果，学习结果比方式和时间更重要。[1] 可见，相比而言，课堂的教学活动是 OBE 理念实施最为重要和最基础的环节。鉴于 OBE 理念是对学校教育系统的变革，以学生为中心，以结果为导向，至于方法、过程中涉及的计划、过程及时间成本都是服务于学生学习结果的，教学活动和评估最终要以学生能力和素养提高为基础进行。[2] 法学专业课程思政教学改革在 OBE 理念下重新进行教学设计，笔者本人承担的《比较诉讼法》课程是在法学大学四年级上学期开设的，针对学生的特殊性，课程思政教学设计在 OBE 理念下做了调整。

首先，开设课前十分钟“开讲”环节。每次课有十分钟的时间交给学生，前一次随机抽选或学生主动任选话题“开讲”，有介绍备考书目，有谈对一本书、一个人的看法，有分享自己复习考研英语的方法，有讲述如何记住一个难懂的知识点，等等。学生们在短短的十分钟内充分地表达，特别能够适应法学专业大学四年级学生在法考、考研、求职等方面的困惑，也在一定程度上缓解了压力。

其次，重新设定课程教学目标（见表 1）。其中针对思政教学目标，在对课程的不断探究和建设中，体会并提炼出三个关键词，三个与“rong”有关的词。第一个融合，为手段，将中国特色社会主义法治的内容融入课程教学。第二个熔炼，为目的，在教学中培养学生正确的价值观和职业观。第三个光荣，为效果，使学生以国家为荣，以社会为荣，以职业为荣。最终实现育德育

---

〔1〕 William G Spady, *Outcomes-based Education: Critical Issues and Answers*, Arlington: The American Association of School Ad-ministrators, 1994, pp. 10-25.

〔2〕 付瑞红、何强：《基于 OBE 理念的教学科研一体化探索与实践》，载《教学研究》2017 年第 3 期。

人的目标。

在思政教学目标设定好的基础上，整门课程的教学目标确定为三个方面：德育目标、知识目标、能力目标。其中知识目标是掌握典型诉讼制度的理论，运用诉讼法律规定和理论对现实的案例、法律制度进行分析，发现案例以及现行法律制度中的问题，并提出完善建议，解决社会现实纠纷中的疑难问题。能力目标是运用比较分析方法的能力和解决现实案例的疑难问题的能力，在古今中外的诉讼法对比中发现各国诉讼法具体内容的利弊，深入探寻制度的深层原因，能够将西方主要发达国家的典型诉讼法律制度与基础理论知识比较分析后能够更好地解决我国诉讼的法律问题。

**表1 《比较诉讼法》课程思政目标设计**

| | |
|---|---|
| 德育目标 | 将“有中国特色社会主义法治”融入课程，培养学生形成正确的职业观和价值观，引导学生牢固树立“四个自信”，激发学生做尊法、学法、守法、用法的模范，以实际行动带动全社会弘扬社会主义法治精神。 |
| 知识目标 | 针对四个专题了解典型国家的基本概括，掌握典型诉讼制度的理论，对现实的案例、法律制度进行分析，发现案例以及现行法律制度中的问题，并提出完善建议，解决社会现实纠纷中的疑难问题。 |
| 能力目标 | 运用比较分析方法的能力和解决现实案例的疑难问题的能力。 |

最后，重新调整教学大纲。其一，针对性，为了达成教学目标，针对《比较诉讼法》的课程特点和内容，寻找中国特色社会

主义法治的教学融入点，让学生不再言必谈西方如何好，而是自豪于谈中国之治。其二，适应性。适应学生，对应职业，来探索中国特色社会主义法治精神内容正确的融入形式。即将成为法律职业人的法科大四学生，学习中国特色社会主义法治精神的同时，内化为职业使命感和职业责任感。其三，系统化，整门课程主题贯穿，宏观融入，单元课程分类融入，微观透视，资源建设，师生共担。本课程内容采取了专题式的学习方式，伴随着本年度诉讼法领域热点问题而展开。在2018年刑事诉讼法第三次修改及以审判为中心刑事诉讼司法改革的背景下，本课程选取了以下四个内容：侦查程序比较研究，非法证据排除规则，认罪认罚从宽制度，庭审实质化。在课程教学中，笔者将人权保障法治思想、公平正义法治思想、德治结合法治思想、公平正义法治思想分别融入相应的课程中。

### （二）精选食材熬制“鲜汤”——“思政”与“课程”相融汇实施教学

菜谱虽好，需要真抓实干。在熬制“鲜汤”的过程中，食材的选取非常关键。如同课程思政，在对课程设计进行重新调整后，进入到具体的教学实施过程中，“思政”嵌入“课程”，两者相互映衬，水乳交融，相得益彰。以笔者《比较诉讼法》课程思政教学过程为例：

首先，做好课程思政的整体设计（见表2）。深入挖掘课程中的思政要素，找准适宜与德育结合的点，选取那些能够适应大四学生特点的元素。从现实问题与价值塑造的裂隙点入手，在学生关心的知识学习中、社会问题认识中、就业选择过程中润物细无声地引领青年学生的价值导向。唯有从学生关注的兴趣点入手，才能起到事半功倍的效果。课程思政的方式方法要适应学生的接受能力特点。“课程思政”的效果不在于讲了什么，而在于学生获得了什么，这就要考量学生的接受能力。相比于传统价值说教，学生更期待生活气息浓厚的言传身教。[1]

**表 2 《比较诉讼法》课程思政整体设计**

| 课程知识点 | 思政教学内容 | 思政教学目标 | 思政教学环节设计 | 时间 | 思政内容考核方式 |
| --- | --- | --- | --- | --- | --- |
| 刑事诉讼法的再认识 | 走中国特色社会主义法治道路的重要性。 | 爱国教育/“四个自信” | 运用比较分析的方法，从各个国家刑事冤错案件对比后的中国启示：冤假错案中国问题的解决方案是解决中国问题的理论，也可以为世界提供我们的解决方案。 | 15 | 在考试试题有关侦查程序的比较中考核 |
| 刑事诉讼法三次修改的时代之音 | “学习借鉴世界上优秀的法治文明成果，但必须坚持以我为主、为我所用”。 | 求真务实/与时俱进 | 运用历史分析的方法，从刑事诉讼法的变迁中发现法律的发展变化与社会生活、国家政策的发展变化息息相关，从本国国情出发务实地解决问题；法律与时代精神紧密相连，我们每个人也应当积极进取。 | 20 | 课堂提问 |

〔1〕 赵志伟：《我国高校“课程思政”的脱嵌性问题研究——以社会科学类课程为例》，载《中州学刊》2020 年第 4 期。

续表

| 课程知识点 | 思政教学内容 | 思政教学目标 | 思政教学环节设计 | 时间 | 思政内容考核方式 |
|---|---|---|---|---|---|
| 非法证据排除规则 | 社会主义核心价值观和权利保障与权利制约理念；在法律的不断完善中确立制度自信。 | 权利保障/权力制约/制度自信 | 运用典型案例分析的方法展现权利与权力的关系，同时比较该制度在中外的不同，从而发现中国制度的根基所在。 | 15 | 在考试试题论述题中考核 |
| 公检法三机关关系 | 人民至上，以人民为中心的理念和精神。 | 司法的人民性 | 通过观看“胡云腾：让法律更深入民心”的视频，感受人民公安司法机关为人民服务，以人民为主体，为人民谋幸福。 | 10 | 课题讨论 |
| 认罪认罚从宽制度的产生发展 | 建设法治中国的重要手段，完善中国特色社会主义法治体系，推进国家治理能力和治理体系现代化。 | 公平与效率/司法宽容/平等 | 以“感动河北人物：梁建红独子被害替凶手求情”为切入，在认罪认罚从宽制度中体现出司法宽容性；值班律师制度及刑事辩护全覆盖，体现我国司法效率有提升，而公平正义不减分。 | 15 | 在考试试题论述题中考核 |

续表

| 课程知识点 | 思政教学内容 | 思政教学目标 | 思政教学环节设计 | 时间 | 思政内容考核方式 |
| --- | --- | --- | --- | --- | --- |
| 认罪认罚从宽制度中公检法的职权 | 作为法律职业人的司法人员的基本职业素养：爱岗敬业、诚实守信、公平公正。 | 职业操守/专业伦理/人民监督权力 | 以最富法官落马的启示为切入，学习习近平总书记讲话：权力是一把双刃剑，在法治轨道上可以造福人民，在法律之外行使必然危害国家和人民。没有监督的权力必然导致腐败，让人民监督权力，让权力在阳光下运行。 | 10 | 在课堂讨论及考试试题中考核 |
| 庭审实质化的理论基础 | 形式主义实质是主观主义、功利主义，根源是政绩观错位、责任心缺失。 | 形式主义的问题/三严三实 | 以“顾维钧再审案”为例，利用2分钟视频展示庭审如何不再走过场，不再形式化，以此展开，由学生讲讲身边那些形式主义的表现。 | 15 | 课堂发言 |
| 庭审实质化的表现 | 以看得见的方式实现正义，努力让人民群众在每一个司法案件中感受到公平正义。 | 司法责任制/司法监督/司法公正 | 通过组织学生课下观看政论专题片《法治中国》中的《司法公正》，课堂上分组畅谈，感受司法的公正和温度。 | 20 | 在课堂分组发言及考试试题中考核 |

其次，做好课程思政的第一节课。在我国进行司法改革，建设社会主义法治国家，依法治国的背景下，本课程选取了冤错案件进行比较。笔者在介绍各国冤错案件的情况后，指出我国的优

势，以此建立学生的“四个自信”，让学生看到国家未来、人生前景，建立理想与现实的联系，激发学生学习的积极性。

再次，在具体的教学实施中，笔者按照整体设计将具体的诉讼法专业知识点与思政元素内在契合点相结合，在授课中潜移默化地影响学生，让思政因素入耳入脑入心入行。

最后，笔者及时总结一个月来课程思政教学中的问题，与学生进行沟通交流，及时了解他们的需求和意见，以便改进。

### （三）精细品味“汤汁”——测评教学效果与目标

如上，课程思政之“汤”熬制完成，但这锅“好汤”“鲜汤”在饭桌上最后的评价如何，被饮用后营养成分是否被吸收，是否有益身体健康，要进行相应的测评。在课程思政教学的过程中和结课考试中，教师应结合不同学习行为的类型进行过程和结果测评，结合不同的教学目标进行不同方式的测评。[1]

首先，测评设计的两种类型。课程思政的主战场是在课堂上，但测评可以延伸到课下。因此，测评一方面是在课堂上进行，另一方面是在课下和结课后的考核中进行。整个教学测评基于学生学习行为的不同类型进行过程与结果测评。在《比较诉讼法》课程中，学习行为类型分为出勤、课堂讨论、作业和试卷，并分配相应的分数比例（见表3）。测评从过程和结果两方面进行，过程测评针对学生出勤、课堂讨论、平时作业而言，测评的标准从出勤记录、参与次数和参与程度方面进行打分（见表4）；结果测评针对平时作业和结课考试而言，测评的标准从参与次数和参与程度、细节量化两方面进行打分（见表5）。鉴于很多学生

〔1〕 有关测评的内容参考了燕山大学社科讲坛中澳门科技大学副校长孙建荣教授做的《大学全人发展策略——课程思政教学结果质量保障：如何设计教学结果评测》的专题讲座的部分内容。

正进行比较紧张的备考，因此，本课程在教学中特别关注学生的课堂出勤和课堂讨论，并把平时作业同时作为过程测评和结果测评考核的方面。

**表3 测评类型与学习行为的设计**

| | | 测评类型 | |
|---|---|---|---|
| | | 过程测评 | 结果测评 |
| 学习行为 | 出勤（10%） | √ | |
| | 课堂讨论（20%） | √ | |
| | 作业（20%） | √ | √ |
| | 试卷（50%） | | √ |

**表4 过程测评标准**

| | | 测评标准 | |
|---|---|---|---|
| | | 出勤记录 | 参与次数+参与程度 |
| 学习行为 | 出勤（10%） | √ | |
| | 课堂讨论（20%） | | √ |
| | 作业（20%） | | √ |

**表5 结果测评标准**

| | | 测评标准 | |
|---|---|---|---|
| | | 参与次数+参与程度 | 细节量化 |
| 学习行为 | 作业（20%） | √ | √ |
| | 试卷（50%） | | √ |

其次，测评方式的不同选择。测评方式分为闭卷考试、开卷和项目。闭卷考试是指结课考试，试题答案中包含思政的内容。开卷是指分配学生具体的任务，任务内容中可能包含知识目标和能力目标。因为思政目标属于隐性教育，所以不能通过显性的开卷测评。项目是指具体针对某个专题内容而言，能力目标通过分配具体任务测评，思政目标除了结课考试测评之外，在教学过程中通过与学生的访谈，获得教学效果或者发放问卷测评。（见表6）在《比较诉讼法》课程思政的教学改革实施中，结合课程特点和学生特点，在学生已经有了诉讼法的基础之后，侧重于对比分析的方法，在闭卷考试测评中对知识目标和思政目标侧重于在将西方主要发达国家的诉讼法律规定与基础理论知识比较分析后，能够更好地解决我国诉讼的法律问题，并通过文献研究、判例研究的方法分析类似的社会现实问题，以获得合法、合理、正当的解决方案。分析和评价西方主要发达国家诉讼法对政治、经济、文化、社会、道德、宗教、科技的影响，对现实的案例、法律制度进行分析研究，发现案例以及现行法律制度中的问题，并提出完善建议，解决社会现实纠纷中的疑难问题。因此，该课程的结课考试试题以案例分析的题型展现，均为主观题。在课程进行中，笔者将比各国法律如何规定分配给各个小组完成任务。同时，笔者与部分已经被保研的学生沟通，了解一段时间课程进行中思政目标的效果，最后一节课发放问卷，统计后的测评能力目标和思政目标如表6所示。

表6 测评方式与教学目标的设计

| | | 教学目标 | | |
|---|---|---|---|---|
| | | 知识目标 | 能力目标 | 思政目标 |
| 测评方式 | 闭卷考试 | 考试题目 | | 考试题目 |
| | 开　卷 | 任　务 | 任　务 | |
| | 项　目 | | 任　务 | 访谈、问卷 |

2020年5月28日，《高等学校课程思政建设指导纲要》正式印发。其强调“落实立德树人根本任务，必须将价值塑造、知识传授和能力培养三者融为一体、不可割裂”，在全国所有高校、所有学科专业全面推进课程思政建设，对构建全员全程全方位育人大格局，提高高校人才培养质量具有重要意义。该纲要同时提出了“科学设计课程思政教学体系”，“结合专业特点分类推进课程思政建设”，明确指出了“经济学、管理学、法学类专业课程。要在课程教学中坚持以马克思主义为指导，加快构建中国特色哲学社会科学学科体系、学术体系、话语体系。要帮助学生了解相关专业和行业领域的国家战略、法律法规和相关政策，引导学生深入社会实践、关注现实问题，培育学生经世济民、诚信服务、德法兼修的职业素养。”法学专业开展课程思政教学改革，在建设中国特色社会主义法治的治国方略下，践行专业知识、德育知识的有效融汇。“好的思想政治工作应该像盐，但不能光吃盐，最好的方式是将盐溶解到各种食物中自然而然吸收。全面推进课程思政建设更是如此，只有如盐在水，方

能沁润心田。"[1] 法学专业课程思政这锅“汤”精研菜谱，精挑细选“佐料”，融汇而成的“鲜汤”，更有营养更好吸收。

〔1〕 光明日报评论员：《课程与思政交融，教书和育人互促》，载《光明日报》2020年6月6日，第3版。

# 法律职业

*Legal Profession*

# 论法律职业伦理与法学教育目标的重塑

◎张　慧　成　功*

**摘　要**：法律职业伦理是法律人追究的价值目标，但随着社会实践的发展，职业伦理开始由“自律”走向“他律”，甚至成为一种与道德毫无关系的“技术性指引规则”。职业伦理的“非道德性”，使我国法学教育偏向于应用型人才的培养，忽略了更高的伦理道德关怀。为此，应当确立“以德为先”法学教育目标，将学生的德性培育放到更高的位置。

**关键词**：法律职业伦理　法学教育　非道德性　以德为先

---

* 张慧，女，山东潍坊人，湖南省廉政建设协同创新中心助理研究员，湖南工商大学法学与公共管理学院，硕士研究生导师，法学博士，主要从事刑事法学、教育学研究。成功，男，湖南长沙人，湖南省廉政建设协同创新中心学术秘书，湖南工商大学法学与公共管理学院硕士研究生，主要从事刑事法学、教育学研究。

在现代教育理念的指引下，人们原本认为，法律人的职业伦理（道德）[1] 会对司法进行全面有效的控制，并产生高质量的司法公正与实践。然而，职业伦理在现实中却悄然退场，以致有学者无奈地感叹道：法律人，你为什么不争气？[2] 此问题的提出缘于学界对我国法学教育的整体性反思。我国法学教育似乎更偏向对应用型人才的培养，而忽视了对学生职业伦理的塑造。其实，无论是专业型抑或是学术型人才，职业伦理教育都是法律人自身素质不可缺少的部分，构成了法学教育的半壁江山。[3] 有鉴于此，有必要对我国法学教育的现状展开体系性的反思，以期形成相对合理的共识与建议，为全面推进新时代法治中国建设提供人才智力保障。

## 一、法律职业伦理的本质

法律职业伦理，是指法律人在履行职责的过程中，或从事履行职责相关的活动时所应当遵循的道德、行为规范和价值理念的总和。[4] 法律职业伦理，是法律人的职业灵魂。作为法律的实践者，应当把职业伦理所蕴含的公平、正义等理念应用至具体的

---

〔1〕“道德”与“伦理”之间究竟有何不同？一般认为伦理是群体的规范，用以规范特定团体或群体中成员的行为；而道德则是个人内心对于自己品行修养的约束和要求。但是不论是在实践中还是研究中，伦理和道德往往是等同的。故本文不区分伦理与道德。

〔2〕参见陈长文、罗智强：《法律人，你为什么不争气？——法律伦理与理想的重建》，法律出版社2007年版。

〔3〕参见洪浩：《法治理想与精英教育——中外法学教育制度比较研究》，北京大学出版社2005年版，第103页。

〔4〕参见韩大元：《全球化背景下中国法学教育面临的挑战》，载《法学杂志》2011年第3期。

法律实践。此种观念，最早缘于伦理道德的“自律性”。[1]

在哲学家看来，任何一种职业群体，它都承载着一定的社会利益与公共属性，为了维护社会整体秩序的稳定与健康发展，应当约束他们职权的行使。[2] 具体至法律职业，此种约束力表现为三个方面：一是基于律师等职业者的“个体要求”。律师为委托人提供服务时，委托人往往会向律师披露有可能对自己不利或使自己陷入窘境的信息，作为律师有义务不向任何人公开此类信息，否则会将委托人陷入不当境地。[3] 二是基于法律共同体的“群体要求”。任何一个职业群体为了更长远的发展，会自发的形成一套道德规则。可以说，职业道德越发达的群体，他们的职业组织就越稳定，社会地位就越高。三是基于法律秩序与社会治理要求。“法律作为一种社会治理和社会控制的手段，它能够实现社会的目标”。[4] 法律人习得法律，执行法律，运用法律治理和控制社会，始终是推动法学理论与实践前进的原动力。倘若法律人不对自己予以约束，甚至玩弄法律，就是放弃履行对社会应尽的责任，更是破坏了法律维持社会秩序的功能。

虽然职业伦理能在一定程度上约束法律人的职业实践，但考察上述具体内容可知，这些伦理内容往往过于主观、抽象，停留在人们日常生活或业务活动中的价值判定上，内容缺乏具体的、

---

〔1〕 道德作为内心的强制，体现的是人们行为规范的自律；法律作为外在的强制，体现的是国家的意志。参见中共中央马克思恩格斯列宁斯大林著作编译局：《马克思恩格斯全集》（第1卷），人民出版社1956年版，第15页。

〔2〕 参见许身健：《法律职业伦理》，中国政法大学出版社2019年版。

〔3〕 参见方流芳：《律师保密义务》，载孙国栋主编：《律师文摘》（2013年第3辑），群众出版社2013年版。

〔4〕 ［德］克劳斯·罗克辛：《刑事政策与刑法体系》，蔡桂生译，中国人民大学出版社2011年版，第76页。

可操性的评判标准。于此，立法者“基于传统立法与司法二元分立的古典主义立场，同时出于对司法专横与恣意的担忧”，本能地开始将法律视为职业伦理的全部内容，期待通过纯粹的程序制度实现司法公正的可能，期待司法权的行使止于形式理性与形式合法，从而陷入了立法主义的窠臼。〔1〕于是，职业伦理开始由“自律”走向他律，立法者组织学者们研究本国的部门法体系，试图从法律体系中抽取出符合本国“民族精神”的伦理规则，将法官、检察官的行为纳入到立法框内，思考建构起调整法律职业关系的行为规范体系，对法律人的职业行为、职业道德和个人操守予以规制。〔2〕

如今，随着各部门法体系的日益构建与完善，法学理论也致力于向科学化迈进，法学学科试图与那些法律体系无关的政治、宗教等因素剥离开来，使学科体系能自成一派。〔3〕在此背景下，道德虽不会直接被视为法律条款或职业准则，但职业伦理始终是一种被值得尊重和追究的职业理想。作为一个合格的法律人而言，首先应做一个完整的、有道德的人，然后才能负担为社会整体法律实践的任务。〔4〕

---

〔1〕 参见梁根林：《刑法修正：维度、策略、评价与反思》，载《法学研究》2017年第1期。

〔2〕 参见怀效锋主编：《法官行为与职业伦理》，法律出版社2006年版，第311页。

〔3〕 法律与道德之间，法学学科与道德也以超乎想象的努力让它与道德截然分离，加之部门法学科科学化的努力，“法律的归法律，道德的归道德”已蔚然成风。参见李学尧：《非道德性：现代法律职业伦理的困境》，载《中国法学》2010年第1期。

〔4〕 本文虽无意于讨论道德与法律的关系命题。但法律如果不是道德的，则没有必要要求法律的实践者发现并遵守法律中特定的内在道德，负担起为整个法律实践负责的任务。参见高亚男：《论律师职业伦理与社会一般伦理的冲突与化解》，载《江苏科技大学学报（社会科学版）》2018年第4期。

## 二、法律职业伦理规范的主要内容

从规范伦理学内容看，职业伦理可分为两个部分：一是有关法律职业共同体的基本伦理规则，它约束所有的法律职业者。例如，所有的法律人都应当“忠诚于法律”“坚守正义”等。二是根据不同职业者责任以及各特定的职业角色，职业道德可分为法官、检察官、律师等职业道德。其中，法官的职业道德核心是“公正裁判”；律师职业道德则侧重于“忠于委托人利益”。虽然不同的职业角色道德规范略有区别，但它们都是为了实现司法正义所服务，而法官作为司法活动与结果的中心，对其职业行为的约束也就最具有代表性。〔1〕

从世界范围上看，美国的《加州司法伦理准则》（California's Canons of Judicial Ethics）一直被西方法治国家视为调整法官职业行为的模板。《加州司法伦理准则》主要从以下五个方面作出了规定：“①法官应当维护司法的公正和独立。②法官应避免从事不正当或者表面上不正当的活动。③法官应公正、勤勉地履行司法职责。④法官从事准司法和非司法的活动，应使其与法官义务产生利益冲突风险降至最低。⑤法官和法官的候选人应避免从事不当的政治活动。〔2〕 这些规定看似比较简单，但是每个条文的背后都会附加详细的判例加以说明。例如，法官不能单方与当事人进行接触，即便法官没有从当事人那里获取任何利益，他也会因违反第 2 条的规定受到指控；法官更不能对已决审判与既将审

〔1〕 例如，1924 年，美国律师协会虽制定了第一部约束律师职业行为的《司法道德准则》，但该规范同样适用于当时的法官。因为法官的职业道德要比律师还要高。参见本书课题组编著：《外国司法体制若干问题概述》，法律出版社 2005 年版。

〔2〕 王申：《法官德性是法治之力量》，载《东方法学》2016 年第 2 期。

理的案件发表意见，西方有谚语“判决之外，法官无语”。法官代表司法的良心，不当的言论无疑会有损司法的威严。如有违反，法官惩戒委员会则以法官行为违反第3条规定要求其公开道歉，甚至提出罢免。[1]

类似地，我国最高人民法院也于2001年制定了《中华人民共和国法官职业道德基本准则》[2]，对法官的职业活动从六个方面提出了要求，包括：“保障司法公正，提高司法效率，保持清正廉洁，遵守司法礼仪，加强自身修养和约束业外活动。”仔细对照中美两国的法官道德规范，可以发现二者具有相当的一致性。司法公正可与约束业务活动相一致；司法效率则对应勤勉履行职责；清正廉洁、司法礼仪、自身修养则与避免不当行为相类似。虽然中美两国法官职业规范的基本内容、特征存在差别，但实现司法正义的机制都是相同的，即都依靠法律强制实现公认的道德观念。在法社会学家庞德看来，道德与法律无法截然分开，道德能够影响并渗透到法律当中，并以一种最合适的方式影响司法活动。在司法活动中，法官不能够完全抛弃道德，而是用道德理念将司法活动的四个连接点（司法造法、法律解释、法律适用的标准、司法裁量）串联起来，[3] 道德观念可以有效地指导法官正确理解和适用法律，及时地填补法律漏洞；道德也能影响司

---

〔1〕 1998年，加利福尼亚州地方法院法官博德曼（Broadman）审理案件时，认为两名被告人都有毒瘾，对子女极不负责任，遂判决两人必须先植入避孕装置。博德曼接受媒体采访对该判决进行辩解，但他的行为正好违反了《加州司法伦理准则》。参见何帆：《律师说得，法官说不得》，载中国民商法律网：http：//www.civillaw.com.cn/article/default.asp？id=48586，最后访问日期：2020年3月8日。

〔2〕 2001年《中华人民共和国职业道德基本准则》已失效，最高人民法院于2010年12月6日重新印发修订后的《中华人民共和国职业道德基本准则》。

〔3〕 参见［德］诺博托·霍尔斯特：《何为道德：一本哲学导论》，董璐译，北京大学出版社2014年版，第19页。

法活动，纠正那些不道德的诉讼行为。[1]

## 三、“非道德性”：法律职业伦理的特点

法律职业规范是由最高的法官职业道德推演而来，其核心在于规范和引导法律人的职业实践，确保司法正义的实现。然而，随着职业实践的演化，职业伦理逐渐与个人道德评价和大众道德评价脱离，甚至成为一种与道德毫无关系的“技术性指引规则”。在职业活动中，律师只需要对他的委托人负责，为了保障委托人利益最大化同时，即便放弃对社会公共利益的追求，他也不会受到大众道德的诘问与指责；法官也只需对法律条文负责，法官即使指导律师、委托人可能企图通过法律手段获取不正当利益，只要法律适用正确，他也可充耳不闻。

职业伦理向“非道德性”的转变，主要缘于对抗式诉讼模式下个人权利至上观念的不断扩张。如今，尽管可以在世界各国的职业道德规范的本文中见到“遵循正义”“为公共利益服务”等表述，但现实却是，职业道德已逐渐被“忠诚委托人”“为了职业群体利益”等职业伦理观念所取代。在此伦理观念的指导下，律师在面临其职业行为与大众道德存在冲突时，往往会受到三个原则的影响：①职业伦理至上原理。律师为委托人辩护时，律师主要的职业定位是为委托人争取利益，而不是向大众利益负责。律师考虑到日后的职业发展与律师整体性的利益，则会将律师群体利益凌驾于大众利益之上。②对公众与法律的无道德责任原则。基于“律师—委托人”身份伦理，律师不需要向大众负责。

---

〔1〕 参见邹川宁：《司法理念是具体的》，人民法院出版社2012年版，第297页。

在对抗式诉讼模式下，律师职业的功能与定位是胜诉，实现客户的“诉请”，故律师不需说服大众“为什么要为犯罪嫌疑人辩护”。③“法律技术员”原则。鉴于律师在诉讼中的特殊地位，其从委托人处所获得信息应当受到司法保护，即便是法官，也没有权利让律师披露这些信息。此种伦理观也反映到其他职业上，例如，牧师应聆听信徒的心声，并替其保守秘密；医生应救死扶伤，并将病人的难言之隐隐瞒下去。它时刻提醒着律师：“忠诚的不是法律，而是对客户利益的追逐。”〔1〕

相似的，法官的职业道德也经由对抗式诉讼模式指引表现为“非道德性”。〔2〕起初立法者制定法官职业规范，并尽可能地将职业规范限定为客观的、具有可操行性的内容，目的就是避免法官的职业道德与大众道德相互混淆，避免法官在犯罪认定上的专横与恣意，最大限度地实现“形式正义与形式理性”的宗旨，保障公民的权利与自由。在此“形式理念”的指引下，法官既要内心保持客观中立，行动上还需“不偏不倚”地对待案件当事人。于是，在很多看似正常的社交场合中，都难以见到法官身影，因为法官为了避免当事人对他不必要的猜忌与怀疑，都会主动地不去参与。〔3〕为了彰显司法公正，基于诉讼的两造，法官所有的司法行为都应同时面向双方当事人。如有一方未在场，案件就不宜继续审理，更不要说法官能独立地向乙方当事人解释法律。

〔1〕 参见刘晓兵：《律师的职业属性与社会责任》，载许身健主编：《法律职业伦理论丛》（第2卷），知识产权出版社2015年版，第24~29页。

〔2〕 参见李学尧：《非道德性：现代法律职业伦理的困境》，载《中国法学》2010年第1期。

〔3〕 例如，美国的法学院召开毕业典礼时，往往会邀请很多社会名流，有国会议员、企业家、律师等，但唯独看不见法官的影子。参见周大伟：《法治的细节》，北京大学出版社2013年版，第9页。

由此可见，道德虽然一直是职业伦理关注的命题，但随着职业实践的发展，职业伦理已经表现为“非道德性”立场。如此一来，道德已经不再是法律人一定拥有的德性与品质，它更像是职业技能与司法技术的组成部分。〔1〕法律也成为一种工具，法律与法官则成为掌握法律工具的司法匠人。

## 四、法律职业伦理与法学教育

近代的法学教育与法律职业伦理紧密相连，可以说，法学教育就是培养有职业伦理的法律人才。但是，受现代职业伦理“非道德性”的影响，法学教育的目标似乎已完全偏向应用型人才的培养，忽略了更高的伦理道德关怀。〔2〕在法治中国的语境下，我国应当培育的是“德法兼修”的法治人才，而不是所谓精通法律技术的司法工匠。

根据传统教育理论，要想培育法律职业人才，教师需向学生传授其知识，培养其技能，生成其伦理，塑造其品格。各环节丝丝相连，紧紧相扣。传统的理论灌输式教育，很难以激发学生的学习兴趣，也无法让学生对法律问题产生共鸣。特别是，当学生

---

〔1〕 在霍夫曼看来，优秀的律师都具有高尚的品德。这并不是因为律师都是精英，或是像我们今天那样对律师有特殊的品质要求，而是因为法律是一切尊严和价值的主体，只有拥有美好德性和品质的人才能够学好。而霍姆斯之后，法律则成了一种工具，律师和法官则成了社会工程师。参见董静姝：《论法律职业伦理的现代困境》，载《新疆大学学报（哲学·人文社会科学版）》2016 年第 4 期。

〔2〕 例如，有学者一针见血地强调我国法学教育目标就是要培养应用型人才。还有学者认为我国法学教育目标应定位于“法官能力的培养，即培养学生掌握主要的实体法、程序法的基本知识，并具备法律解释与适用的能力”。还有学者称我国法学教育的弊端就是缺乏实践性教育。参见赵秉志：《应用性是法律人才培养的根本目标》，载《教育部高等学校法学学科教学指导委员会、中国法学会法学教育研究会 2011 年年会暨“‘十二五’规划与法学教育发展战略”论坛》。参见葛云松：《法学教育的理想》，载《中外法学》2014 年第 2 期。冯辉：《“改革开放四十年与中国法学教育：法学课程体系改革与完善”高峰论坛会议综述》，载《经贸法律评论》2018 年第 1 期。

步入职业生活后，他们往往发现自己难以胜任一份简单的法律工作：不知如何从容地接待案件当事人，不知如何规范地调查、收集与案件相关的证据，更不如如何撰写一份合格的法律文书。有鉴于此，学者们开始探索多元化的教学方法，引入案例教学法、模拟法庭、社会实习等教学方式，改革教学体系，试图弥补法学教育存在的"实践性"短板。

尽管多元化的教学改革确实革新了法学教育的内容，但几乎所有的教学方法都殊途同归，未能根本改变法学教育"重理论，轻实践"的偏向。当学者们意识到这个问题时，便开始强调我国法学教育目标应定位于应用型人才的培养，着重培养学生掌握运用法律知识、法律解释的实践能力，特别是引入诊所式法学教育。

所谓诊所式教育是指，法学教师应当像医生一样，将师生置身于同一个"诊所"里，为前来咨询的人提供法律援助，并向他们做出相应的结论。[1] 在"法律诊所"中，通过体验律师角色，学生可从经验式教学中领悟更高级的职业技能，并凭借对自身掌握技能的反思，进而成为更加熟练的学习者。[2] 此种教育理念，承载着一定社会服务的功能，也就是学生在习得法律知识后，还应当承担社会责任向社会弱势群体提供必要的帮助。然而，此种社会服务功能与诊所式教育理念存在天然的冲突。

诊所式法学教育与其他教育方法最大的差别就是，让"学生学会像律师一样思考"。如果强调教学效果，放手让学生实践律

---

〔1〕 参见杜承秀：《法律职业伦理培养的路径分析》，载《广西社会科学》2018年第6期。

〔2〕 参见孙鹏、胡建：《法学教育对法律职业伦理塑造的失真与回归》，载《山西师大学报（社会科学版）》2015年第1期。

师角色，缺乏老师的直接指导，则必然会影响委托人的利益。如果强调社会价值，老师则需亲自、直接参与案件，如此又回归到传统“缺乏启发性”的教育道路。此外，学生要想学习像律师一样思考，还可能面临司法技术与环境的双重障碍：一是学生代理资格的障碍。基于《中华人民共和国民事诉讼法》修改了公民代理制度，学生不可能成为前来诊所的咨询人的代理人。二是案件有效性的障碍。由于前来诊所咨询的群体多为“弱势群体”，他们所涉的案件往往属于“疑难杂症”。对此，学生缺乏足够的经验与办案能力，很难获取该类案源。[1] 在此情况下，当事人既寄希望于法律诊所能解决问题，又难以对学生的办案能力给予充分的信任。要想实现诊所式法学教育的社会服务功能，则必然要放弃让学生充分体验律师角色的教育理念，因为这二者之间存在天然的冲突。

传统法学教育的“实践性”短板，使得学生缺乏应用技能的训练，所以我国才引用诊所式教育，将学生的实践能力置于法学教育的首位。反映到法学教育目标中，就是要求高校培养应用型或专业型的人才。也许，未来法学院培养的法官、律师可能会拥有超强的法律技术，但他们不一定具有亲和力，能够亲近群众。事实上，在法律职业者缺乏亲和力时，支撑现代司法制度的政治蓝图与道德观念便会受到影响，受害者最终是法律职业本身。[2]

---

〔1〕 例如，学生通过法律诊所值班所接待的案件，几乎都是很难进入到司法程序的“老上访”案件。参见张涛、刘聪：《司法改革视阈下法律职业伦理教育之路径研究——以大学生法律援助“课程化”为视角》，载《交大法学》2017年第2期。

〔2〕 历史告诉我们，如果法律显得缺乏人性化地僵化，其结果不仅是法律职业的灾难，而且也会是法治的劫难。法国大革命、巴黎公社以及德国纳粹时期的历史都说明这一点。参见 Lucien Karpik, *French Lawyers: A Study in Collective Action 1274 to 1994*, Trans. by Nora Scott, Clarendon: Oxford University Press, 1995.

因此，应当将修正法学教育的轨道和学生的德性培育放到更优先的位置。

## 五、“以德为先”：法学教育目标的重塑

法律职业教育的内容应当包括法律技能与法律伦理。二者中，后者具有明显更重要的位置。法学教育的目标不是让学生记得职业道德的规范条文，而是通过职业教育，使得他们了解职业背后精神和理念，能够以良好的职业道德修养对实践中出现的各种情况予以善意的理解，能够时刻维护法律职业的形象与荣誉。[1]

过往，我们对职业伦理的理解过于简单，要么将职业道德简单视为抽象、空洞的“正义”等观念，与一般大众的道德观念相混淆；要么将职业道德视为调整法律职业关系行为规范的总称。[2] 其实，上述两种观点都存在片面认识。职业伦理之所以要行之有效，是因为现代社会的法律职业伦理也是一种责任伦理，其主体内容是规则——通过这些规范与准则，可以判断一个法律职业者职业角色承担的好坏，要通过他所履行的责任来检验。[3] 职业伦理之所以能行之有效，是因为法律职业共同体都拥有一个相同的知识结构，独特的思维体系，以及不同的职业理想。在理想的政治图景中，一个出色的法律人不仅具有正确的判断力、审慎的品德，更有一个最恰当的职业目标——具有公益精

---

〔1〕 参见李本森主编：《法律职业伦理》，北京大学出版社2005年版，第297页。

〔2〕 参见许身健：《法律职业伦理课程的春天》，载《检察日报》2019年12月11日，第7版。

〔3〕 唐永春：《法律职业伦理的几个基本问题》，载《求是学刊》2003年第5期。

神并能服务于公益事业。[1]

在法学课堂上，教师应当考虑设置一些具有“启发性思考”的问题，多向学生提出诸如“法官的责任与定位”“法官如何解释法律”“法律能否治理社会贫困”等问题。也许此类问题远远超出学生的实践能力，但足以引导学生从社会维度思考法律的价值，从法律角度反思社会的公正。伴随着学生对社会问题的伦理思考，职业伦理不再是“理论的虚构”，而是真实具体、可触可感的道德实践。如果职业伦理能有效融入法学教育之中，学生能够最大限度地关切当事人需要，而不是眼下的“技术性规则”。学生在为社会弱势群体提供帮助时，便会倍感奉献精神的快乐，领悟法律职业的正义感与神圣感，缓解教育理念与社会服务功能的冲突。如此，就是落实习近平总书记所强调的：“法律人才的培养要以德为先，法律院校要把社会主义法治理念教育融入人才培养的全过程，通过教学加强学生对法治事业的认同和热爱，加强对社会主义法治事业的责任感与使命感”。[2]

## 六、重塑路径：确立“以德为先”的法学教育体系

要想修正我国法学教育的技术性伦理倾向，必须重塑法学教育理念。将“以德为先”的教育理念贯穿到法治人才培养的全过程。具体可从如下几个方面开展。

首先，构建“层层递进”的法律职业伦理教学体系。法律职业伦理教育既不能只靠一门课程完成，也不能只用一本教材表

---

〔1〕 参见［美］安索尼·T. 克罗曼：《迷失的律师——法律职业理想的衰落》，田凤常译，法律出版社2010年版，第3页。

〔2〕 汪后继：《培养德法兼修的高素质法治人才》，载《中国教育报》2018年5月21日，第5版。

述，而应当搭建多元化、层层递进的课程教学体系，即“理论教学—案例教学—法律诊所—社会实践”。具体而言：①以法律职业行为规则、法律职业伦理、司法伦理等为基础的理论课程体系。②以律师、法官、检察官等司法实务技能为基础的案例教学体系；③以反馈式评价机制为核心的法律诊所教学体系；④以法院、检察院、律师事务所等社会实践基地为基础的实践教学体系。[1]

其次，构建“实境—训诫”协同育人的法律职业伦理教学体系。所谓实境，是指教师应当运用丰富的教学手段，改变传统的教学结构，塑造一个全新的“实境”环境，将师生共同放置在一个法治图景中感受、领域法治运行的实际情况。所谓“训诫”，不是夫子对弟子的耳提面命，而是教师作为引导者和监督者，学生作为体验者和参与者，二者进行开放性的对话，是“自训”与“他诫”的结合。

传统的实践教育完全由实务专家教学指导，但这些专家可能缺乏基本的伦理道德知识，导致某些方面对学生难以起到全面的引领作用，为此必须融入“反馈性评价机制”。学生在社会实践中，需要将职业实践遇到的伦理问题及时反馈给老师，老师也应当同时参与到学生的社会实践中，对学生心中的疑问进行解答，以构建“认知—实践—反馈”教学评价机制，由此可以逐层领悟到职业伦理的内涵。

最后，重塑法学教育理念，将“以德为先”的教育理念穿于培养法治人才的教育过程。贯彻“以德为先”的教育理念可实现

---

〔1〕 参见刘坤轮：《“学训一体”法律职业伦理教学模式的实践与创新》，载《政法论坛》2019年第2期。

三个方面的结合：一是实现历史传统与我国社会发展现实的结合。历史上，我国一直强调“以德治国”“礼法结合”，结合当下全面依法治国的法治背景，明确确立立德树人、德法兼修的法治人才培养目标。二是实现职业技能与职业伦理的结合。法学教育肩负着为法律职业实践与全社会培养高素质法律人才的历史使命。加强学生的知识体系教育，使学生成为拥有法律专业知识、法律职业素养、法律职业技能的统一体。〔1〕三是实现法学课程与思政课程的结合。根据法学学科的特点，可将思政教育的目标与内容贯穿到法学课程教学中，充分挖掘法学学科中的“思政元素”，凸显法学教育中的德育理念，将“德法兼修”真正落到实处。〔2〕

值得说明的是，将学生德性的培养放到更高的法学位置已经得到国家宏观政策层面的支持。2018 年 10 月，教育部等多部门颁布《关于坚持德法兼修实施卓越法治人才教育培养计划 2.0 的意见》，该意见提出了 8 个方向的改革任务和重点举措，其中，最重要的就是“厚德育，铸就法治人才之魂”。此意味着，未来我国的法律职业伦理教育将会迎来一个崭新的环境，法学教育的目标也将从目前的偏向培养应用型人才的“技术轨道”，转向到培育“德法兼修”的法治人才轨道。

〔1〕 霍宪丹：《中国法学教育反思》，中国人民大学出版社 2007 年版，第 69 页。
〔2〕 参见李树忠：《坚持改革调整创新立中国法学教育 德法兼修明法笃行塑世界法治文明》，载《中国大学教学》2018 年第 4 期。

# 百花园

*Spring Garden*

# 钱端升与北京政法学院的筹建

## ——以《钱端升日记》为中心*

◎王改娇**

**摘　要：**钱端升是我国著名的政治学家、法学家、教育家和社会活动家。新中国成立后，他在教育方面的主要贡献之一就是领命筹建北京政法学院。作为筹委会主任委员，他不计个人得失，服从大局，引领来自北京大学、华北人民革命大学、清华大学等院校的委员们筚路蓝缕开基创业，延揽师资安抚学生，拟制课程计划，以短短的三个月的时间创立了新中国第一所法科独立学院，肩负起为新政权司法建设培养干部队伍的重任。

**关键词：**北京政法学院　钱端升　筹建

---

*　本文中未标明的引用，均出自《钱端升日记》。

**　王改娇，中国政法大学钱端升纪念馆研究馆员，档案学博士，全国首批档案领军人才。主要从事档案法学、档案信息资源开发和钱端升生平及思想等研究。

中国政法大学的前身——北京政法学院，是在1952年的院系大调整中由北京大学、清华大学、燕京大学三校的政治系、法律系，以及辅仁大学的社会系民政组合并而来，我国著名政治学家、法学家、教育家和社会活动家钱端升先生负责筹建并担任首任院长。北京政法学院的筹备背后有哪些鲜为人知的故事？钱端升本人从综合性大学法学院院长到领命赴任独立的法科学院院长又经历了怎样的心路历程？本文试图以《钱端升日记》、钱端升与友人通信等相关文献为中心，通过追溯北京政法学院的创立过程，探讨钱端升在新中国法科独立院校筹备中的作用和贡献，以及他对于新教育模式的认知转变。

## 一、中央创设北京政法学院的动议

北京政法学院是在1952年的院系调整中诞生的，但中央对于专科独立学院的设想早在新中国成立前夕即已开始酝酿。

1949年9月，新政权诞生在即，中国人民政治协商会议第一次全体会议通过《共同纲领》，其中第46条规定“中华人民共和国的教育方法为理论与实际一致。人民政府应有计划有步骤地改革旧的教育制度、教育内容和教学方法”。《共同纲领》从宏观层面为新中国的高等教育指明了发展方向。为了贯彻落实中央的指示精神，教育部于1950年6月召开第一次全国高等教育会议，时任教育部部长马叙伦在会上指出“我们要在统一的方针下，按照必要和可能，初步调整全国公私立高等学校或其某些院系，以便更好地配合国家建设的需要”。会议首次提出院系调整问题，并确立了全国高等教育要与经济、国防、政治、文化建设相配合的基本方针。本次会议还通过了两个指导性文件《教育部关于实施高等学校课程改革的决定》（以下简称《决定》）和《高等学校暂行规程》（以下简称《规程》）。《决定》强调“全国高等学校的课程，必须根据《共同纲领》第46条的规定，实行有计划有步骤的改革，达到理论与实际的一致”。《规程》则从微观层面进一步细化了“理论联系实际”的方针，对高等学校的设置类型、领导职数及其职责均作了具体规定。

实际上，在第一次全国高等教育会议之前，中央对于北京地区文法学院的改革意向已然明了——合并高等院校政治法律系成立北京政法学院。据《钱端升日记》记载，1950年5月17日，时任中央政法委员会秘书长的陶希晋就专程来到北大，商议“政法组课改事，似文委有意合清、燕、辅之政社等系于北大之政、法两系成政法学院”。课程改革与院系重组，牵一发而动全身，此事非同小可，钱端升作为北大校务委员会兼法学院院长密切关注事态发展。他奉命分别与北京大学、清华政治系部分教师讨论，了解教员们对于合并的意见。5月19日，陶希晋再次召集政法组课改小组会议，钱端升将教员们的思想动态向陶希晋作了汇报：“北、清情况或不利于即并。”不愿合并既是大多数人的心态，也是钱端升个人的真实想法。

中央政府很清楚，自民国时期以来，北平就是全国的文化中心，大学林立，大师云集，推行文理科综合性大学和独立的专门学院的苏联模式，比预想的难度大很多，合并工作审慎艰难地推进着。为了更广泛地对教授们的思想进行摸底，一周以后即5月27日，民盟中央文教委员会与《光明日报》召集北京主要大学的部分教授在清华园就高等教育问题召开专题座谈会。参会人员25名，主要是清华、北大、燕京大学的教务长，以及社会学、经济学、文学、哲学系的教授、系主任、院长等。张东荪先生担任会议主席。

座谈中，针对专门人才的培养问题，钱端升谈了自己的看法。他说，国家当前各方面建设迫切需要人才，尤其是经济建设，缺乏大批的技术骨干，为了更好更快的补充干部，可由大学“替政府负担一部分专门教育的工作。它虽然不是大学正常的任务，但可以担当起来的，大学不应该推脱。”钱端升提议大学替政府承担培训专门人才的职责，但不能因此使大学变质。清华大学教授张奚若与钱端升的意见一致，认为目前专科学校不够，一时也无法大量添设，大学应当尽量兼做专科学校的工作，兼尽专科学校的职责。但也特别强调，“千万不要因为一时的特别兼职而完全忘记了原来的本职”。时任燕京大学校委会主委陆志韦也表达了同样的看法，“不只要顾到目前，还要照顾到将来”。时任清华大学文学院院长金岳霖也主张“大学中的理工文法医农不要分开，这正是大学之所为大学”。[1] 从本次座谈会的情况看，多数人不支持拆分综合性大学建立专门学院，主张由综合性大学肩负培养专门人才的职责。

尽管意见不一、阻力重重，但是中央的指导方针不变，坚持合并文法学院，并发动各个层级干部到高等院校开展思想工作。

1951 年，院系调整和文法学院合并之事成为北京大学各种会议的中心议题，也是钱端升个人最为关切的话题。4 月 23 日，钱端升参加北京大学校务委员会常委会会议，“讨论院系调整与马（马叙伦）长校事”。5 月 11 日，“遇曾昭抡，不得不谈政法训练班引起与政法两系有关事。”7 月至 8 月间，钱端升赴西南地区参

---

〔1〕《高等教育问题座谈会记录》，载《光明日报》1950 年 6 月 1 日。

加土改，期间时任北京大学校长马寅初主持召开新一届校务委员会会议，通过了提请教育部审核的北大院系调整计划，决定法学院仍然保留法律、政治、经济三系不变，政治系仍下设国际组。[1] 10月30日，政务院批准高等院系调整方案，决定先期合并工学院，将北大、燕京的工科合并到清华大学，同时清华、燕京的文、理、法各系并入北京大学，北京大学成为综合性大学，撤销燕京大学。[2] 11月，教育部决定召开全国工学院院长会议，率先推进华北、华东、中南三个地区的工学院调整，由此揭开了新中国成立初期全国范围院系大调整的序幕。会议期间，教育部请北京大学主要负责人聚餐，“谈与清、燕并文法理工事”。至此，钱端升心下明了，教授们的意见难以动摇中央的决心，合并已是大势所趋。

1952年5月，《教育部关于全国高等学校1952年的调整设置方案》，对华北、东北、西北、华东、中南和西南六个大区的高等学校做了详细规划，先在华北、华东两大区分别新设高等政法学校一所。[3] 北京政法学院的筹建提上议事日程。

## 二、钱端升受命筹建

1952年8月23日，“北京政法学院筹备委员会”（以下简称“筹委会”）在教育部成立，委员会由于振鹏、刘昂、朱婴、严景耀、陈传纲、夏吉生、程筱鹤、费青、钱端升、戴铮、韩幽桐

---

〔1〕 王学珍等主编：《北京大学纪事（1898—1997）》（下册），北京大学出版社1998年版，第437页。

〔2〕 王学珍等主编：《北京大学纪事（1898—1997）》（下册），北京大学出版社1998年版，第441页。

〔3〕 何东昌主编：《中华人民共和国重要教育文献（1949—1975）》，海南出版社1997年版，第151~152页。

11 人组成，钱端升任主任委员，韩幽桐任副主任委员。[1] 他们分别来自教育部、司法部、北京大学、清华大学、燕京大学和华北人民革命大学等单位。

即将设立的北京政法学院，究竟承担着怎样的使命？时任教育部部长马叙伦在后来的成立典礼上讲道，这所大学的宗旨是为政权建设工作，培养大量具有马列主义的立场、观点、方法与马列主义国家与法律基本理论知识，全心全意为人民服务的工作干部。[2] 筹建之前中央已经预测到，"筹备组将会面临巨大困难，因为政法旧的东西已然废除，建立一个全新的社会主义的'政法学院'，是一项新的创举，没有成熟的经验可供借鉴，只能依靠大家创造性地研究和完成。"[3] 任务相当艰巨，时间又十分仓促，由谁来肩负这一重任呢？当时北大、清华、燕京、辅仁几所大学法学院或法律系、政治系执掌人有钱端升、费青、陈岱孙、曾炳钧、严景耀等人，中央有关部门经慎重考察，最后把目光集中在钱端升的身上。

新生的北京政法学院基本以北京大学法学院为班底建立，钱端升以法学院院长的资历出任政法学院筹委会主任委员顺理成章。另外，钱端升当时在政法学界的威望、年资，无人出其右。钱端升生于 1900 年，52 年刚刚 50 出头，也可谓在黄金年龄出任一校之长，而且他在民国时期，就翻译、独著、合著了《德国的政府》《法国的政府》《英国史》《比较宪法》《苏联宪法》等十

---

〔1〕 中国政法大学档案馆主编：《法大记忆——60 年变迁档案选编》，中国政法大学出版社 2012 年版，第 5 页。

〔2〕 《中央人民政府教育部马叙伦部长的讲话》（1952 年 11 月 24 日），载中国政法大学档案馆主编：《法大记忆——60 年变迁档案选编》，中国政法大学出版社 2012 年版，第 24 页。

〔3〕 《第四次北京政法学院筹备委员会》材料。

余部作品，在学界享有很高的威望。他还善于讲演，热心参与政治，出任过北京大学、中央大学政治系主任等职，具有极强的组织能力和号召力。当然，中央将钱端升作为院长首选，最重要的考量，还包括他对于新政权积极的态度。新中国成立前夕，钱端升“作为一个渴望现代化的中国人，衷心地赞赏新秩序的缔造者”。[1]他以极高的政治热情投入到新民主主义建设中，希望为这个新兴的国家贡献自己的智慧。1949 年 5 月，被任命为北京大学校务委员会委员兼法学院院长后，钱端升根据中央及校方的指示，组织了北大法学院的课程改革，在动员老教授们的同时，也说服自己接纳新的教育模式。此外，他还广泛地参与社会活动，1949 年 6 月，钱端升以民主教授的身份应邀参加新政协筹备会。9 月 21 日，钱端升又作为全国社会科学工作者代表参加了第一届中国人民政治协商会议，与来自不同界别的人士共商国是。10 月 1 日，作为嘉宾登上了天安门观礼台参加开国大典。1950 年至 1952 年，他先后被推为北京大学工会主席、北京市教育工会主席、中国人民外交学会副会长等，时任司法部部长史良也曾有意招揽他为副部长。因而，无论是学术造诣、组织才能，还是社会影响力以及政治表现，钱端升都应该是北京政法学院筹委会主任委员的最佳人选。

对于新的使命，钱端升又持怎样的态度呢？事实上，他本人迟至筹委会成立的前 5 天才获悉即将主政北京政法学院的消息。1952 年 8 月 18 日，“下午四校政法教授座谈司法改革。欧阳云将成立政法院或由我任院长，甚以为难事。”对于出任主任委员一

---

〔1〕 1949 年 3 月 9 日，钱端升致费正清信函。Papers of John K. Fairbank，Correspondence，HUGFP 12，Harvard University Archives.

事，钱端升有些犯难，屡屡推托。此后两天，他连续到教育部与时任副部长钱俊瑞、时任高等教育司司长张勃川分别谈心，真诚地表达自己的心意，希望组织上考虑其他人选。[1] 1957年，当钱端升再次回忆这段经历时，也谈到“学校于1952年8月20日开始筹备，领导上要我负责筹备，我当时在北大政治经济系任教，不愿离开。所以在开始的两三天内，情绪曾有所波动”。[2]

钱端升为何对出任北京政法学院筹委会主任委员一职顾虑重重呢？笔者揣测，可能与他个人的教育思想和阅历有关。钱端升早年从哈佛大学回国任教，曾参与清华校务改革，主张清华应由专科性学校改为综合性大学，并提出“士愈多，则世愈盛，而国愈治；反是，则世愈衰，而国愈乱”的观点，他主张士人教育“非谓职业教育之不足道也，余不过持士人教育之尤为重要耳!”[3] 1950年5月，在民盟举行的高等教育问题座谈会上，他也认为“专科学校培养的学生是学什么，出来就要做什么”，“大学的教育，则是学生能在较广的专门范围内、较高的理论基础上去掌握一部分的知识，他们既可以搞研究工作，也可以搞实际工作”。[4] 因而，在钱端升看来，专科类教育不如大学视野开阔。另外，钱端升再三推托，想必也有年龄上的顾虑。此时他已年过半百，社会兼职颇多，常因四处奔波而体力不支病倒住院，因而不愿开基创业，乐于守成，也是人之常情。

然而在时代的潮流面前，个人意愿终究抵不过组织决定。据

---

[1] 《钱端升日记》记载，1952年8月19日，“晨去教部见张勃川，我仍辞”。8月20日，“去教部见钱俊瑞仍谈院长事，允再考虑一下”。

[2] 1957年5月《北京政法学院教授座谈会纪要》。

[3] 钱端升:《清华改办大学之商榷》，载《清华周刊》1925年第333期。

[4] 《高等教育问题座谈会记录》，载《光明日报》1950年6月1日。

钱端升长子钱大都回忆，钱端升几番推辞后，周恩来总理亲自出面与其谈话，总理尊称钱端升为“端公”，希望他在国家亟须人才之际，能够牺牲小我，服从大局，尽快担负起这一重任。总理的谦逊、诚恳深深地打动了他，听罢总理的一番话，钱端升欣然赴命。

## 三、主持四次筹备会

筹备一所学校，千头万绪，需要解决校舍设施、机构设置、教职工调配、学生来源、课程设置、教材编写以及图书资料购置等诸多问题。为了推动筹备工作的进展，筹委会一共举行了四次会议，均由钱端升主持。

筹委会成立后的第三天即 8 月 25 日，紧接着召开了第二次会议。会议初步讨论了学院的组织机构、干部编制、学生构成、调训学制等事项。确定了组织系统采用院长负责制，院委会由院长、副院长领导，成员由院长提交教育部批准。内设机构初步拟设教务处、教研室、图书馆、行政处。[1] 筹备伊始，除了机构、编制等问题，钱端升依循以往的教学经验，最为关注的是教员分配和教学计划，会上他两次提议商讨课程设置，但因时间紧张且尚无草案，终未果。他有些焦虑，在 8 月 25 的日记里感叹“政院筹委会二次会，谈了编制，未及课程”。

经过三周紧锣密鼓地工作，9 月 17 日第三次筹委会召开。会上，作为主任委员的钱端升吸取第二次会议的教训，首先介绍了教学计划的编制情况，与会人员普遍认为，教学计划草案大体上比较成熟。各方争议的焦点集中在俄文如何开设，主要意见分两

〔1〕 1952 年 8 月《北京政法学院筹备会第二次会议》材料。

派：一派以来自燕京大学的教授严景耀为代表，提出俄文作为必修课，宜采用速成模式培养；另一派以华北革大的戴铮为核心，戴铮是筹委会主要成员的之一，后任北京政法学院临时党组书记、代理副院长，与钱端升搭班子一年有余。他主张学制短，不学俄文为好。来自北大的青年学者程筱鹤认为，学院的办学目标是培养司法干部，俄文学习是次要的。钱端升汇聚各方意见，提议全部取消俄文绝无可能，建议采取所有学员先学习国文，国文基础较好的同学可以兼修俄文的策略，调干生要重点学好国文，暂不排俄文课程。

随后，华北革大的刘昂（后出任北京政法学院教务长），关于学制问题也谈了自己的看法，他认为旧学员原则上编为一年制，可从基本政策和理论学起；文化水平较高的、技术比较扎实的学员可长期培养，编为二年制。另外，学院初创时分，教材和图书资料的极度匮乏。教授们深知，图书馆资料对于教学的重要地位。图书馆界有言，如果把教职员工比作一所高等学府的血液，图书馆即可视为大学的心脏。当时，由于经费特别紧张，不可能大批量购置图书，筹委会中来自清华大学的于振鹏、北大的张国华老师提议，可暂时把清华、北大系里的资料带过来，以解燃眉之急。本次会议还就行政处下一阶段的任务作了部署，要求尽快编制预算，落实干部，与北大协商接收校舍、房产、家具等。钱端升在日记里评论道“筹备委员会三次会，开得不好”。与第二次筹委会相比，钱端升更关注教学计划中应该开设哪些课程，未曾想关于俄文开设的争议占用了大量的时间，最终也未达成共识，这样的工作思路和效率令他隐隐生出些许担忧。

又是近两个月的辛勤工作，学院的筹备工作基本就绪。1952

年11月11日，第四次会议在沙滩校区孑民堂举行。钱端升继续以主任委员身份主持会议。刘昂首先向与会人员介绍了学员的构成和课程筹备情况。学员有两部分构成，其一是老干部、原四校二年级旧生，其二是一年级新生和新招生的学员。学院计划11月13日开课，最先教授的是《实践论》《矛盾论》，均采取上大课方式，要求教职工要与学生一起听课学习；《中共党史》《共同纲领》以及文化课均以班为单位或者班联制上小课。刘昂还介绍了学院内设机构和干部任职情况，宣布由雷洁琼、费青担任学校副教务长。戴铮在会上介绍了学员的构成状况及思想动态。〔1〕华北行政委员会主任张苏也出席会议并讲话。他指出，北京政法学院的任务不仅要训练干部，而且要研究如何办政法学校，如何教，教哪些东西。他希望教职工按照毛主席的实践论——教学联系实际，探索创办新型大学。最高人民法院华北分院的陈传纲自始至终参加了筹备工作，他强调北京政法学院身处首都北京，又是由中央直接领导，希望各方共同努力将其建设成全国的榜样。钱端升最后表态说，创办新型的法学院校是一个开创性的工作，希望大家携手共进，探索前行。

## 四、延揽名师、安抚学生

如前所述，北京政法学院主要是以北京大学法学院为班底组建的。因而，筹备工作主要是由北大和华北革大承担。即钱端升、费青、程筱鹤、戴铮、刘昂等人承担了大量的交涉斡旋工作。筹备之初，工作进展并不顺利，钱端升1957年回忆道，“因为燕京、清华、北大、辅仁都归教育部领导，一提筹备成立政法

〔1〕 1952年11月《北京政法学院第四次筹备会》材料。

学院，教育部想管又不想管，中央政法委也抱如此态度，形成了三管三不管。”[1] 不久华北革大派遣刘昂、戴铮、凌力学三位同志协助筹备，情况得以改观。1952年8月下旬至11月中旬，钱端升一边继续参加社会活动，奔波于北京市教育工会、北京大学、中国人民外交学会、中国人民保卫世界和平委员会等单位，一边与戴铮、刘昂等人马不停蹄，四处周旋。据《钱端升日记》记载，两个多月中，他共去学院30多次，召集碰头会，讨论校舍家具接收、职工分配、课程设置、学生转学等问题；4次到政务院政法委向陶希晋、陈传纲等人反映困难；4次到教育部走访副部长钱俊瑞、高等教育司张勃川商议基建、编制事宜；3次去华北政府委员会与张苏等人交涉华北革大教师职工调动事项。

钱端升从教20多年，他当然明白“大学非大楼之谓也，而大师之谓也”。作为筹委会主任委员，他将主要精力集中在延揽教师方面，他到清华、北大、燕京大学、辅仁大学四处拜访，与主要教师逐一谈心，确认能否到政法工作。日记有载，钱端升对于分配的部分教师不甚满意，私下与教员程筱鹤、阴法鲁、王利器多次接洽会晤。程筱鹤，毕业于声名卓著的圣约翰大学和民国法科重镇东吴大学，北京政法学院筹备时，他才30出头，可谓筹委会最年轻的生力军。阴法鲁，山东人氏，1915年生，1935年入北京大学中文系学习，1942年获北大文科研究所硕士，当时已是国内著名的中国古代音乐文化研究专家。王利器，比阴法鲁年长几岁，1940年在四川大学中文系毕业，次年考取北京大学研究生，1944年毕业后在北大中文系讲授校勘学等课程。1952年10月中下旬，钱端升还多次到燕京大学、中共中央马列学院，登门

[1] 1957年5月《北京政法学院教授座谈会纪要》。

拜访雷洁琼、徐敦璋、陈芳芝、张锡彤、杨献珍等人，努力为政法学院招揽引进一流的师资力量。

在组建教师队伍的同时，钱端升也格外关注学院领导成员的人选。根据当时党的统一战线政策，少数民主进步教授可以适当安排职务。《规程》第 21 条规定，专门学院的教务长和副教务长对院长负责，由院长在教授中遴选，提请中央教育部任命之。[1] 1952 年 10 月 24 日，钱端升在迎来送往外国友人的间隙，抽空到学院看望费青，“商副教长职事”。费青，江苏吴江人，费孝通之兄，1929 年于东吴大学法律学院毕业，1935 年赴德国柏林大学攻读法律哲学。回国后，其曾任云南大学、西南联合大学、复旦大学教授，东吴大学法律系主任、教务长等职。1949 年后，费青出任北京大学法律系主任。费青的态度比较积极，基本应承了副教务长之职，钱端升心里踏实许多。而说服邀请雷洁琼的任职过程则稍显曲折。第一次见面时，雷洁琼态度不太明朗，未能应诺。钱端升不甘心，三天后又专门邀约雷洁琼聚餐，席间雷洁琼谈起生活上的一些烦心之事。钱端升耐心细致地劝说，真诚地邀请雷洁琼能助其一臂之力。终于，雷洁琼被钱端升的真诚所打动，承诺来校任职。学院成立后，雷洁琼及其先生严景耀均来到政法学院任教，并在后来的教学、科研、政治学习等工作中给予钱端升莫大的支持。

北京政法学院学生的成分颇为复杂，主要来自北大、清华、燕京、辅仁大学四校和调干生。比较而言，老干部学员普遍文化程度较低，初中甚至高小毕业占到 90%，他们十分珍视到北京政

[1] 中央人民政府法制委员会编：《中央人民政府法令汇编（1949—1950 年）》，法律出版社 1982 年版，第 780 页。

法学院进修的机会，主动要求的学习性很高。而学生则不然，新生同学有的原本志愿报的是北京大学，但却通知到政法学院报到，情绪波动在所难免。新中国刑事诉讼法学的开拓者陈光中，当时刚刚留校，他在一篇文章中回忆道，学校“让我去上海集合新生，带到北京政法学院报到。当年录取的新生原来报考的分别是北大、清华的法律、政治专业。当看到录取通知书上却是北京政法学院时，部分学生表示不理解，有的不愿入学报到。这就需要去向他们做解释说服工作，并带领他们一起到北京报到。”〔1〕旧生因参加过土改工作，觉悟有所提升，但他们原本是北大或清华的学生，突然转到一个专门学校学习，有点失落与不平，纷纷要求转系转院。四校原来报国际组的学生，多以作“外交官”“政治家”“专家”为目标，不甘心做“待遇低、发展前途不大”的万金油政法干部。有些华侨学生则要求转到北京大学东语系。学生往往是无所畏惧的，他们称学校不同意转系就是“压迫”，他们要“向祖国争自由。”为了安抚学生情绪，稳定教学秩序，钱端升于8月28日和9月9日，两次接待要求转学或转系的学生。他耐心细致地给学生们做思想工作，鼓励他们服从国家的需要，到新的学院，端正学习态度，学好法学专业知识，为新中国的司法工作贡献自己的力量。

## 五、恳请毛泽东主席题写校名

1952年10月20日，北京政法学院诞生在即，钱端升代表全体教职工提笔给时任中央人民政务院秘书长的林伯渠写信，恳请

〔1〕陈光中：《我经历的1952年高校院系调整和北京政法学院的成立》，载何家弘主编：《法学家茶座》（2014年第44辑），山东人民出版社2014年版，第58页。

毛泽东主席为新校题写校名。尽管不难想象主席定是日理万机，他有些忐忑，但还是提出了题字请求。他在信中写道“北京政法学院为了镌制校徽及校匾事，拟恳求毛主席书‘北京政法学院’几个字，作镌制校徽及校匾之用……”〔1〕十天以后，林伯渠回复，主席已允诺。接下来的十天，钱端升焦急地盼望着，一天天过去，仍不见音信。11 月 10 日，筹备工作即将结束，13 号也准备上课。他实在按捺不住，便给林老发出了第二封信，告知学院“将于十三日上课，并希望于二十四日举行开学典礼，我们很盼望毛主席的字能早日给我们，使得校门在开学的那天便可悬着毛主席亲书的校匾，我们每个人胸前可以佩戴毛主席亲书的校徽，请您得便将此意转陈主席”。担心林老事务繁杂，为求稳妥，钱端升同时也致函政务院办公厅主任齐燕铭，“十月十二日，我曾函请林老转请毛主席为北京政法学院写‘北京政法学院’六个字，以为刻制校匾、镌制校徽之用。十月三十日，承林老当面告知我，谓主席早已允可，并谓我可直函主席再请一次，或写信请他（指林老自己）转请。因此，我于十一月十日又写信给了林老。我院现定于十一月二十四日举行成立典礼，新的校匾、校徽已有即予制成的必要。全体学工人员因此热烈地盼望能早日获得主席的字。如果林老近日在休息中，请您费心照顾一下。”11 月 23 日，也就是学院举行成立典礼的前一天，教职员工终于盼来了林伯渠的回信，“毛主席给北京政法学院的题字已写好，兹送上，请查收。”〔2〕在成立典礼那一天，毛泽东主席题写的“北京政法

〔1〕 中国政法大学档案馆主编：《法大记忆——60 年变迁档案选编》，中国政法大学出版社 2012 年版，第 14 页。

〔2〕 中国政法大学档案馆主编：《法大记忆——60 年变迁档案选编》，中国政法大学出版社 2012 年版，第 15 页。

学院”苍劲有力的几个大字，终于如愿悬挂在沙滩校门之上。

钱端升为何要请毛主席题写校名呢？这是由主客观因素共同促成的。原北京政法学院初创时，暂栖于北京大学沙滩旧址。原来的正门上悬挂的就是毛主席于1949年为北京大学题写的匾额，钱端升认为，换作‘北京政法学院’的匾额如果仍是主席的字，自可以继续显出沙滩这一地点的历史性。更重要的是，此时的钱端升，同众多知识分子一样，从内心深处真诚地敬佩共和国的领袖。从1949年到1952年，他在多种场合见过毛泽东主席，尊崇之情溢于言表。1949年6月15日，钱端升应邀参加政协筹备会，日记载，毛泽东“魁梧而厚大者也”。是年9月21日，钱端升参加第一届政治协商会议，会后毛主席与若干人见面“颇客气推崇”。10月1日，钱端升颂扬中华人民共和国成立典礼“旷大未有之盛典，欣喜与光荣兼有之”，“毛公亦十分出色，得人心”。“共产党的领导者不知疲倦的能力和热情。他们慷慨无私地为工作奉献一切。他们富有耐心，谦恭，周全，对自己的信仰坚定不移，行动上英勇大胆。”[1] 因而，作为一个旧知识分子，他心悦诚服地赞赏共产党的领导，他满怀希望，积极响应国家需要，跑步跟上新时代的节奏。

1952年11月24日下午，初冬的暖阳柔和温煦，古朴的老北大沙滩校园里，迎来了一个历史性时刻——北京政法学院的成立典礼。时任中央政法委秘书长陶希晋、教育部部长马叙伦、内务部部长谢觉哉、华北行政委员会副主席刘秀峰，中央人民政府政治法律委员会副主任张奚若，以及北京大学校长马寅初、中国人

〔1〕 1950年3月9日，钱端升致费正清信函。Papers of John K. Fairbank，Correspondence，HUGFP 12，Harvard University Archives.

民大学校长吴玉章等一批新中国的政要和文化名人，齐聚五四文化的发源地——沙滩，共同见证新中国在首都北京建立的第一所法科专门学院——北京政法学院的诞生。钱端升看着这个新生儿，心情有少许激动。此前一天，他专门到校过问成立典礼事宜，事无巨细，逐一落实，还亲自起草了讲话稿。关于政法学院的任务，他明白，旧的已然逝去，新的尚未立足，他希望广大师生在这所新型高等学校中，相互学习彼此的优点，争取更密切的团结，互敬互助，加强政治学习，发挥高度的爱国主义的热情，做好每个人的岗位上的工作，一道为办好政法学院而努力。

时光荏苒，70 年过去了，北京政法学院已发展成为享誉中外的法科名校——中国政法大学。为了纪念钱端升先生的创办之功，2017 年学校专门设立了钱端升纪念馆，以缅怀钱老为中国的法学高等教育、政治法制昌明做出的不可磨灭的贡献。如今该馆已成为学校重要的文化景观和育人基地。